JN198777

惹き語り
教養デジタルテクノロジ

松澤和光［著］

学術図書出版社

まえがき

　本書は、大学生または高校生や社会人など幅広い方々に、現代人には必須の常識となったデジタル技術を分かり易く紹介するために作成されました。大学の一般教養科目をベースとしており、科学技術に縁の薄い／苦手な文系の皆さんにも十分楽しんで頂ける内容になっています。また、理系の皆さんにとっても興味深い話題を数多く取り上げており、特に情報系の学生さんには初年次に最適な入門書となるでしょう。授業に使う形式ばった教科書ではなく、まるで著者とおしゃべりをしているような軽快な文体になっていますので、どなたでも容易く取り組んで頂けると思います。まずは早速、ページを開いてみてください。楽しさと驚きに満ちたデジタルの世界へようこそ。

2024 年 12 月

神奈川大学 特任教授　松澤 和光

目　次

第 II 部　めっちゃ簡単だったコンピュータの正体

第 III 部　コンピュータを動かす黒幕：プログラミング

第 IV 部　デジタル技術とプログラミングの明日

本書の目的

　まずは本書を学習する目的をハッキリさせますね！
いや、デジタル技術を学ぼう！なんて奇特な志を抱いたアナタには感謝してますよ。この本を購入頂けて、私にもしっかり印税が入りますしぃ。でも「金をしこたま稼ぐ方法」とか「おいしい料理で幸せ生活」とかって本じゃないから、「これからの社会にデジタル技術は必須！」とかの宣伝文句にダマされて、うっかり買っちゃった人もいるでしょう？　あ、ダマしたのはオレか。ま、とにかく後で冷静になって「ところでデジタル技術ってナゥニ？」とか我に返ってもいまさら本代は返せませんのでぇ、最初から正直にザンゲしときましょう。

ここだけの話、デジタル技術なんて知ったって、

金が入ったり腹が膨れたりはしない！

　あ、まだ本閉じないでね、早まっちゃダメダメ。そーんな目先の利益ばっか追っかけてると、大事な宝物を取り逃がしちゃいますぜ。ガクモンちゅーのは、後になってじわじわ効いてくる漢方薬みたいなもんですよ、慌てない、焦らない。じゃ何に効くのかって、そりゃあ**アナタのアタマが良くなる**に決まってるでしょ！いやホント。

　この本を読むだけでアナタのアタマは確実にしっかり働くようになります。今までは寝てたからねー。え？　オレはちゃんと起きてたゾって、いやぁ全然信用できませんな。じゃあ聞きますけど、アナタだってほら、いつもスマホ使ったりネットで色々調べたりしてるでしょ。あーゆー便利な機器がどうやって動いているか、ちゃんと理解して使ってますか？

　そんな道具は使えりゃいいじゃん？　そりゃ例えばね、ハサミは紙が切れりゃいいワケで、別にどんな鉱物からどう鋼を鍛えてどう作られたか、なんて知ってる必要はないですよ。でもね、硬い金属が薄い刃になってて、それを2つ組み合わせて上下から紙を挟んで、って仕組みは誰でも見りゃ分かる。普段は意識してなくても、刃が錆びたり欠けたら切れないのは分かるし、どう力を入れれば切り易いとかも想像がつく。

　ところがパソコンとかスマホとかになると、どう動いてるかサッパリ分からん。最近の機械は何でもやってくれて色々便利だよねー、で終わっちゃう。道具の親切さに任せてなぁーんも考えてない。いやハサミとかならまだいいですよ。でもアナタ、スマホなきゃ生きてくのに困るでしょ？　ネットの情報とかで自分の行動を決めてるんじゃないの？　そんな風に人生を頼り切ってる道具

が、どんな仕組みか全く分からなくって不安じゃないのかしら。

　もちろん、現代社会の有能な道具たちに優しく囲まれて、何も知らず何も考えず流されるように漂うように暮らすのはアナタの勝手。でもねぇ、実はもうラスボスが迫って来てて、後はオレ様 ─ AI（人工知能）が考えてやるから人間はずーっと寝てればいいよ、って言われちゃいそうな昨今。

　もしアナタが自分の人生を自分で考える気があるなら、そろそろ目を覚ましてアタマをしっかり働かさなきゃねぇ。で、その手始めとして、皆さんを取り巻くこの現代文明の道具たちをちゃんと理解してはいかがでしょう。文明とか急に話が大きくなっちゃったけど、ビビらなくても大丈夫。どーしてかっつーと

　　1）　これら道具たちはすべてコンピュータが動かしている
　　2）　コンピュータの動く仕組みは、ジツは超カンタン、誰でも分かる

だから、コンピュータさえ分かっちゃえば、みーんな理解できちゃうワケ。では、なぜそんなに仕組みが簡単かっつーと、

　　3）　コンピュータが扱うデータを0と1だけにしちゃってるからぁ～

なんですよ。あらビックリ！

　そこで本書では、まず世の中のすべてのデータを0と1だけで表す方法を説明します。例の「デジタル化」ってやつですな。これが全部の基本になってるから、この本の題名も「デジタルテクノロジ」なんですワ。

　それで次に、0と1だけを扱うからコンピュータの仕組みが超カンタンになるって話。これって意外に世間じゃ知られていないけど、本当に驚くほど単純な仕掛けなんですよ。スイッチが電気を On/Off するってことさえ分かれば誰でも理解できます。小中学生でも〇K、期待してね。

　だけど、コンピュータの仕組みを簡単にしたツケが最後に回って来ます。つまり、その単純な仕組みだけをどう動かしたら色々なことができるのか、その動き方をコンピュータに指示するのが「プログラミング」。これはどんな指示を人に与えたらうまく働いてくれるかと同じ。コンピュータなんてなんも知らない幼稚園児みたいなもんだから、あれこれコト細かに言い聞かせて期待通り動かすって大変なんですよ。アナタの「言葉遣い」と「忍耐力」が試されちゃうから覚悟してね。でも「難しい」ワケじゃないよ。

　以上、本書で何を学ぶかはバッチリアタマに入ったかな？　そのアナタのアタマを良くするのが目的なんだからね、たっぷり働かせてね。それじゃあ早速デジタル化の話から始めましょう！

第 I 部

0と1だけで織り成す
デジタルな世界

　第I部ではすべてのデータを0と1だけで表す方法を説明します。世の中には様々なデータがあふれています。金額や人数、日付や時刻、天候、成績、景気、音楽や芸術など、あらゆる事象に関わる多様なデータが、数値や記号、言語、音響、映像など色々な形で表現されています。これらのどんなデータであっても、それをたった2種の記号、0と1だけを使って表すことができます。そうすればこれらのデータがコンピュータで扱い易くなるんですよ。まずは、数値のデータから見ていきましょう。

0と1だけで何でも表せる

　普段私たちは0〜9まで十個の数字による十進法を使ってますが、コンピュータでは0と1だけを使うので二進法ですね。え？十進法ってナニ？って、そこから説明が要るんかいっ！

　いきなり取り乱してしまいました。考えてみたら、何気なく親しんでいるものほど、意外にその原理をちゃんと知らなかったりしますよね。いーでしょう、一歩ずつ丁寧に説明したるわいっ!!（ってケンカ腰でどーする…）

十進法

　図1.1で説明しましょう。0から始めて1、2、3...と順に数を数えていきます。8、9となって、次は漢数字なら「十」と書けますけど、0〜9までのアラビア数字十個（0が入ってるから9までで十個だよ）の中には十を表す文字は用意されていません。仕方ないから「十までは1回数えたよ」の印として、いままで数字を書いてきた枠（「**桁**（けた）」って呼んでますよね）の左側にもう1つ桁を用意して「1」を書き込みます。これが「**桁上げ**」ですね。それまでの桁に入ってた数は左側に桁上げしちゃったから、元の桁には何もなくなったので「0」を書きます。この2つの桁を横に並べて「10」と書いて十を表すワケですね。

　さらに数を数えます。右の桁だけまた順に11、12、13...と進めて、19の次は左に桁上げして1が2になり、2回目の十になって20ですね。同様にどんどん進んで、98、99の次は右からの桁上げで左の桁もいっぱいになって、さらに左側に百の桁を設けて100。こうすれば千とか万とか新しい文字を作らなくても、桁を増やすだけでいくらでも大きな数を表現できるワケです。

　なんか改めて説明すると非常に面倒な感じですけど、普段当たり前に使って

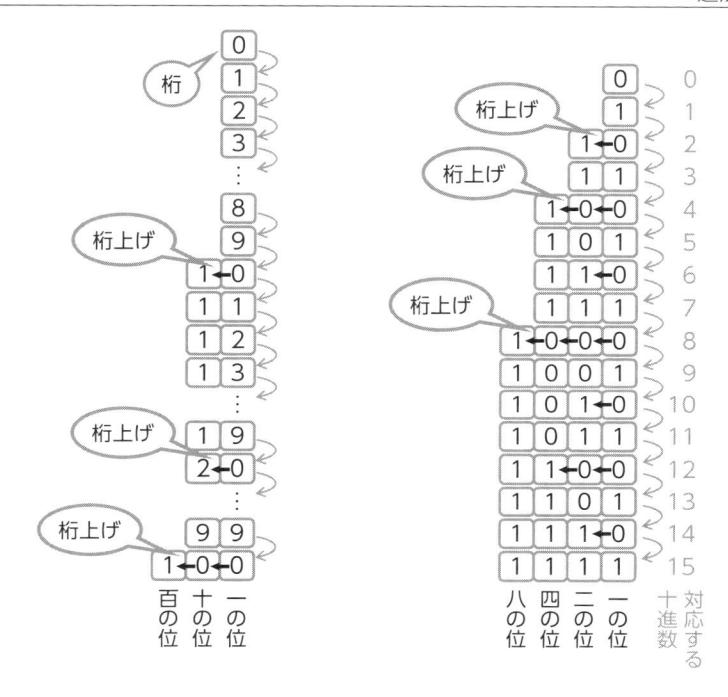

図 1.1　十進法と桁上げ　　　　図 1.2　二進法と桁上げ

る数字はこんな仕組みでした。各桁の数が 10 進む（10 倍になる）毎に左に桁
上げしていくので「十進法」と呼ばれているんです。これが分かれば「二進法」
は簡単。数字を 0 と 1 の 2 個しか使わないのが二進法ですね。なんで 2 個に限
るのかって、本書の初めに書いた通りすべてはコンピュータを簡単に作るため
でしたよね。数字が十個もあったら色々と面倒でしょ。数字が 2 個だけなら仕
組みがいかに簡単になるかは…第 II 部のお楽しみに。

二進法

　さて二進法では 0 と 1 だけしか使いません。1 の次はもう 2 が使えないので
桁上げして「10」と書いて十進法の 2 を表します（図 1.2）。それで 10、11 の
次はまた桁上げ、それも左の桁まで桁上げして 100 になり、これが十進法の 4
ですね。桁はどんどんと増えていきます。十進法では 9 までは 1 桁で表せます
が、9 は二進法だと 1001 ですから 4 桁必要ですね。ここでデジタル技術におい

て重要な用語を紹介しましょう。

ビット (bit)   二進法で表した数（**二進数**とも言う）の桁数のこと

　例えば「十進法で 1 桁の数の表現には 4 ビットが必要」とか言います。逆に 4 ビットあれば十進数 9 より上の 10、11、... も 1010、1011 とか表せて、1111 つまり十進数 15 まで表現できます。こんな風に「ビット」という用語はこれからの説明でしょっちゅう使いますので、しっかり憶えてくださいね。

大きな数のビット

　十進法では一番右端の桁が「一の位」。その左側が「十の位」で、ここに「2」とあったら十が 2 個で 20 ですよね。さらに左へ「百の位」「千の位」と並んでいて、例えば十進数 1234 と書いてあったら、千が 1 つ、百が 2 つ、十が 3 つで一が 4 つ。これで $1000 + 200 + 30 + 4$ を表しています。同様に、二進法では一番右から左へ「一の位」「二の位」「$2 \times 2 = 2^2 = $ 四の位」「$2 \times 2 \times 2 = 2^3 = $ 八の位」と並びます。だから二進数 1101 なら 8 が 1 個、4 が 1 個、2 が 0 個、1 が 1 個で $8 + 4 + 0 + 1 = $ 十進数 13 となるワケです（図 1.3）。

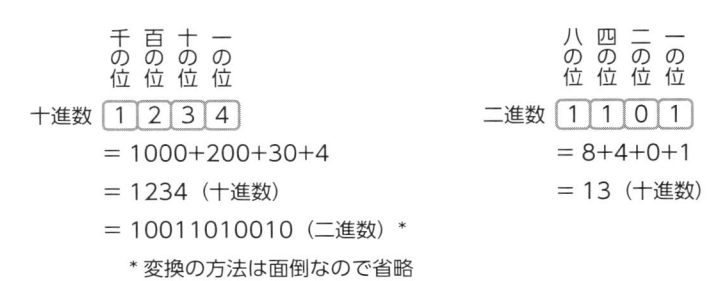

図 1.3　十進数と二進数

　このように十進法と二進法はどちらも数を表す表現法ですから、計算すればお互いに変換することができます。でも皆さんはそんな計算はしなくていいですよ。人手では間違え易いでしょうし、計算なら電卓とかコンピュータに任せればいいんですから。そもそも二進数はコンピュータだけが分かればいいので、十進数ならいくつか、なんて一々気にする必要は全くないです。ただそうは言っても、例えば二進数 16 桁、つまり 16 ビットあったら十進数でどのくらいの桁

の数になるかくらい、大まかな感覚は掴んでおきたいですよね。これには便利な方法があります（表 1.1）。

　10 ビットの最大値は 1111…11 と 1 が 10 個並びますが、これは十進数 1023 に該当します。これに +1 すると 10000…00 と桁上げになるので、十進数 1024 毎に二進数では 10 ビット分の桁上げが起きるワケです。1024 をおよそ千と見なせば、20 ビットなら千の千倍で百万、30 ビットならさらに千倍で十億になります。10 ビット毎に十進では 3 桁増えると考えればよいでしょう。

　なお、日本での数え方では十、百、千の上は万、億、兆、… と 4 桁毎の名前になりますが、欧米では thousand, million, billion と 3 桁毎になっていて（金額とかでカンマ打つのも 3 桁毎）、およそ 10 ビット毎の桁上げに対応します。それでこの 3 桁毎に表 1.2 のような記号（単位接頭語）が決められていて、千は **k**（キロ）、その千倍の百万は **M**（メガ）、さらに千倍の十億は **G**（ギガ）とか呼

表 1.1　ビットと十進数

ビット数 （二進桁数）	桁上げになる十進数 （二進最大値 +1）	単位接頭語 による表記
1	$2^1 = 2$	2
2	$2^2 = 2 \times 2 = 4$	4
3	$2^3 = 2 \times 2 \times 2 = 8$	8
4	$2^4 = 16$	16
5	$2^5 = 32$	32
6	$2^6 = 64$	64
7	$2^7 = 128$	128
8	$2^8 = 256$	256
9	$2^9 = 512$	512
10	$2^{10} = 1024 \fallingdotseq 1000$	1 k
11	$2^{11} = 2048 \fallingdotseq 2000$	2 k
12	$2^{12} = 4096 \fallingdotseq 4000$	4 k
13	$2^{13} = 8192 \fallingdotseq 8000$	8 k
14	$2^{14} = 16384 \fallingdotseq 16000$	16 k
15	$2^{15} = 32768 \fallingdotseq 32000$	32 k
16	$2^{16} = 65536 \fallingdotseq 64000$	64 k
20	$2^{20} \fallingdotseq 1,000,000$	1 M
30	$2^{30} \fallingdotseq 1,000,000,000$	1 G
40	$2^{40} \fallingdotseq 1,000,000,000,000$	1 T

表 1.2　大きな数を表す接頭辞

単位接頭語	十進数	日本語の表記
k　キロ	$10^3 = 1,000$	千
M　メガ	$10^6 = 1,000,000$	百万
G　ギガ	$10^9 = 1,000,000,000$	十億
T　テラ	10^{12}	兆
P　ペタ	10^{15}	千兆
E　エクサ	10^{18}	百京
Z　ゼタ	10^{21}	十垓

＊ 情報系では慣習的に 1024 を大文字 K で表す場合がある

ばれます。この辺りは皆さんもスマホの通信量でお馴染みですよね。そろそろ **T**（テラ）とかも普通になってきたかしら。

　以上から、16 ビットの二進数だったら 10 ビットで k（千）、残り 6 ビットは $2^6 = 64$ なので全部で 64 k、つまり六万四千くらいの数値だとすぐ見当がつくワケです。32 ビットなら 10 ビットが 3 個で k → M → G（十億）、残り 2 ビットが $2^2 = 4$ なので、40 億となります。「ギガって言ったら十億だから二進なら 30 ビットのデータ量だね」なんて言えたらカッコよくないっスか。

多数桁の二進数の表現法

　二進数は十進数よりどうしても桁数が多くなります。およそ 10/3 ＝ 3 倍になりますからね。だから、例えば 1110100111 みたいな二進数は見てるだけで目がチカチカ疲れるし、何桁あるか分かりにくい。でも、これをわざわざ十進数に変換して 935 とか計算するのは面倒だし、元にも戻しにくい。こんな場合にうまい表現法があります（図 1.4）。

　前述のように、4 ビットあれば 0 〜 15 までの数が表せます。数字は 0 〜 9 までしかありませんが、10〜15 を各々アルファベットの A, B, C, D, E, F に割り当てると、4 ビットをちょうど 1 文字で表現できます。0011 なら 3 だし、1011 なら B とかね。このとき、0、1、2、. . .、9 の次は、A、B、. . . と進んで、F の次、十進数 16 になって初めて桁上げなので **16 進数**と呼ばれます。

　二進数と 16 進数の変換は簡単で、例えば 1110100111 だったら一番右から 4 ビットずつ区切って、11_1010_0111 とすれば各々が 16 進数の 3、A、7 と分

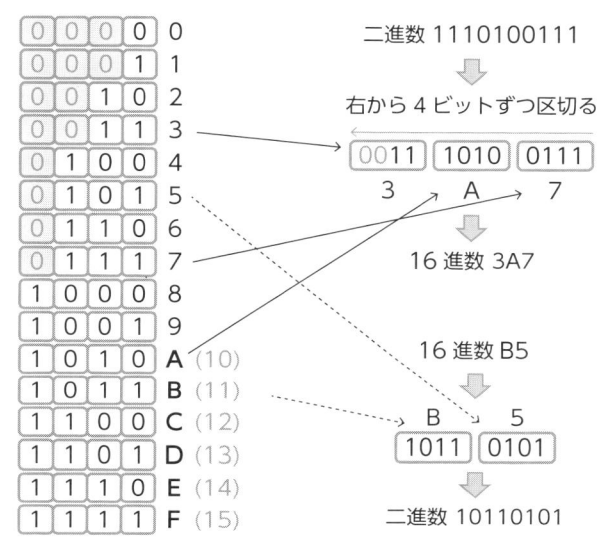

図 1.4　16 進数による表現

かるので、3A7 と表せます。逆に例えば 16 進数 B5 ならば、二進数 1011_0101 になりますよね。今後、0/1 の並びが長すぎる場合などには、この 16 進数で表現することがありますので憶えておいてください。

　以上のように、第 1 章では 0 と 1 だけでどんな数でも表現できることを示しました。これでアナタもデジタルな世界に一歩近づけましたね。世の中には数字が並んでるだけでゲッソリって人もいるよーですが、いやなに、そんな人だって預金通帳に並ぶ数は大好きなんじゃありませんか？　別に何かややこしい数字の並びを暗記する必要もありませんし、0 と 1 のたった二文字の並べ方に関するルールの話だけですので、ぜひぜひお付き合いいただけると嬉しいですね。次章ではさらに 0 と 1 で表現できる対象を広げていきましょう。まずはお疲れさまでした。

本章のポイント

- コンピュータを簡単に作るため、データはすべて 0 と 1 で表現したい
- 二進数の桁数をビットと呼び、10 ビットは十進数では 3 桁に相当する
- 二進数は右端から 4 ビットずつ区切って 16 進数で表すと見易い

最初はまぁ軽〜く、こんなところで

章 末 問 題

…ってあるの？　そりゃいちおー教科書を気どってるんで。でもコレぜーんぜん「難題」じゃありません。いろんな意味で「問題」なことは確かですが。

さて、二進数の桁数を何と呼ぶかは、さすがにもう憶えましたよね。四択で確認です。

選択肢 1)　数えるには桁が増えすぎだぜ **ビット**

選択肢 2)　数えるだけなら無心にできる　ボット

選択肢 3)　数えてると眠くなっちゃうよ　ベッド

選択肢 4)　数えてるうちに悟りが啓けた　ブッダ

正解を知りたがるようでは… 先が心配ですねぇ。

 数値も文字も記号も0／1

　前章では、普段使っている様々な数を0と1だけの二進数で表現（**デジタル化**）しました。次は、数ではなく文字をデジタル化してみましょう。

基本的な文字や記号のデジタル化

　例えば A, B, C, ... のアルファベットは、大文字小文字各々 26 文字あります。その他、0から9までの数字 10 個、! # $ % などキーボードに並んでいる色々な記号まで合わせると全部で百種類くらいの文字が（欧米では主に）使われています。これらの文字に順に番号を付ければ、その番号の二進数、つまり0と1で文字が表せます。

　前章の表 1.1 をもう一度見てください。7ビットあれば、それが8ビットに桁上げされる寸前の 127 まで、0も含めると 128 個の番号が使えることが分かりますよね。そこで、表 2.1 に示す 128 個の文字や記号と、7ビットで表す番号との対応表が作られました。**ASCII（アスキー）コード**と呼ばれ全世界共通で使われてます。

　表 2.1 では、各々の文字に対応する7ビットのうち下位（右側）4ビットを0000〜1111 まで縦に並べて示し、上位（左側）3ビットは縦列毎にまとめています。例えば大文字「A」なら左から5列目の上から2番目にあり、上位が 100、下位が 0001 ですから、100_0001 という7ビットの二進数で表されます。同様に、小文字の「t」なら最右列5番目で 111_0100 ですね。

　同表の1列目2列目には NUL や DC2 とか書かれていて、何じゃこりゃ？と思うかも知れません。これらは対応する文字は無いけど立派な1つの記号です。例えば1列目の下の方にある LF なら LineFeed つまり「改行」を表し、キーボードの Enter キーを押すとそれが 0001010 として記録されたりするワケです

表 2.1 ASCII コード

上位3bit / 下位4bit	000	001	010	011	100	101	110	111
0000	NUL	DLE	SP	0	@	P	`	p
0001	SOH	DC1	!	1	A	Q	a	q
0010	STX	DC2	"	2	B	R	b	r
0011	ETX	DC3	#	3	C	S	c	s
0100	EOT	DC4	$	4	D	T	d	t
0101	ENQ	NAK	%	5	E	U	e	u
0110	ACK	SYN	&	6	F	V	f	v
0111	BEL	ETB	'	7	G	W	g	w
1000	BS	CAN	(	8	H	X	h	x
1001	HT	EM	)	9	I	Y	i	y
1010	LF	SUB	*	:	J	Z	j	z
1011	VT	ESC	+	;	K	[	k	{
1100	FF	FS	,	<	L	\	l	|
1101	CR	GS	−	=	M	]	m	}
1110	SOH	RS	.	>	N	^	n	~
1111	SI	US	/	?	O	_	o	DEL

ね。まぁ個々の記号なんかどーでもいいですけど（ぉぃ）。

　注意してほしいのは 4 列目で、数字の 0〜9 が縦に並んでいますが、これらは「文字」としての数字で「数」ではありません。例えば、文字「3」の ASCII コードは 0110011 ですが、数値としての十進数 3 なら二進数は 11 です。7 ビット使いたきゃ上位は 0 で埋めて 0000011 ですね。逆に、0110011 を二進数として見れば、十進数 51 に相当する数値になります。7 ビットの 0／1 データがあったとき、これが二進数の数なのか ASCII コードの文字なのかはデータからでは分かりません。そのデータを扱う側が予め決める話です。

日本語かな漢字のデジタル化

　ASCII コード表に載ってるもの以外にも世界では様々な文字が使われています。フランス語の「ç」や「è」、ドイツ語の「ü」、漢字ならば数万〜十数万種類もありますよね。こうした様々な文字に対応するため（いや他にも色々事情はあるんですけど）ASCII コードの 7 ビットは 8 ビットに拡張されています。最上位（最左側）にもう 1 ビット足して、それが 0 なら ASCII コードのまま。それが 1 なら他の文字に、と言ってもそれじゃ 128 文字しか追加できませんから、さらに 8 ビットずつ追加しその組合せで文字を表します。

　例えば Microsoft 社提案の **Shift_JIS** というコードの場合、8 ビットのデータ 2 個の連続で 16 ビット（= 64 k、六万四千でしたね）種の文字を表現しています（実際には ASCII コードの 8 ビットは別扱いなので 3 万種程度まで）。これだけありゃ普段使ってる「かな漢字」は十分でしょう。（あら、そもそも漢字はいくつくらい知ってるのかしら、ねぇ？）

　ただ Apple 社は別のコードを提案したり、国によって様々なコードがあったりと混乱がありました。現在では **Unicode** と呼ばれる世界標準の文字コードが決められていて、なんと十億種！以上の文字が定義可能とか。世界中探したってそんなたくさんの文字種はありませんが、きっと将来は火星文字や魔法文字にも対応しようと言う…いや、違うか。定義済みなのはまだ十万種くらいだそーです。

　定義は定義として、Unicode を実際に使う際には様々な実現形式があって、一番普及している **UTF-8** では 8 ビットのデータ 1 〜 6 個が使われています。最上位ビットが 0 なら 8 ビット 1 個だけで普通の ASCII コード、最上位ビットが 1 なら 2 個以上を組み合わせて他の文字を表します。かな漢字なら大体は 3 個くらいで済むようになっていて、その辺りはコンピュータがうまく必要とする個数の 8 ビットを選んでくれますから、皆さんは別に気にする必要はありません。表 2.2 にいくつかの文字のコード例を示しました。

　ただぁ Microsoft が未だに（2024 年時点）Shift_JIS に拘ってて、Windows なんかでは Unicode のかな漢字が％だらけの変な文字とかに化けちゃったりするんですよねぇ。ま、確かに Shift_JIS は素晴らしいコードなんだけど、*いいかげん Unicode に合わせろよ！* と虚しく叫んでみたり。

表 2.2　各コードにおける文字の二進データ

主な文字コード　文字の例	ASCII	Shift_JIS	Unicode (UTF-8の場合)
A（半角）	01000001　41	01000001　41	01000001　41
Ａ（全角）		10000010_01100000　82　60	11101111_10111100_10100001　EF　BC　A1
あ		10000010_10100000　82　A0	11100011_10000001_10000010　E3　81　82
朝		10010010_10101001　92　A9	11100110_10011100_10011101　E6　9C　9D

（ASCII文字はどのコードも同じ）

（8 bit 3 個で 1 文字を表す）

（同じ「A」でも違う文字）

（8 bit 2 個で 1 文字を表す）

（下段は **16 進数**表現）

（第 1 章参照）

データの基本単位は 8 ビット

　以上のように、文字データが 8 ビットを単位に表現されてることもあってデジタルの世界ではこの 8 ビットがデータの基本単位になってます。

　　　　　バイト (byte)　　8 ビットのデータをまとめてこう呼ぶ

コンピュータが計算したり記憶したりスマホなんかで通信する場合も、データはすべて 1 バイト、あるいはその倍数が基本です。大昔は 4 ビットとかをバイトと呼ぶこともあったようですが今は普通 8 ビット。本書でも説明で使いますのでしっかり憶えてくださいね。数える単位で使う場合、ビットは **b**、バイトは **B** と略記することもあります（16 b = 2 B とか）。なぜデータをバイト単位に揃えるかって？　もちろん、コンピュータの仕組みを簡単化するためですよ。デジタル化のすべてはそこにつながってます。

文字コードの注意点

　非常に紛らわしいのですが、Unicode で（Shift_JIS でも）拡張した文字の中に ASCII コードと**重複している文字**があります。例えば 0〜9 の数字は、かな漢

字としても０〜９と用意されてます。０と0は同じゼロという文字であっても、文字コードは異なる別のデータです。ＡとA、＊と*なんかも同様ですね。これらを区別するため、ASCII コードで定義される文字は「半角」、かな漢字での文字は「全角」と呼ばれたりします。表示や印刷される際の文字の横幅が ASCII では半分になるから、こうした名前が付きました。

　ところが、です。実は今、表示や印刷される文字の「形」は非常に自由になって来ています。例えば「あ」という文字を「**あ**」「あ」「あ」などの様々な字形で表現できます。さらに英語などでは「Windows／Windows」などのように文字ごとに横幅を調整する（プロポーショナルとか呼ばれる）場合もあります。こうした字形は「**フォント**」と呼ばれ、MS 明朝とか遊ゴシックとか数百種のフォントが「表現する際に」選べるようになっているのです。逆に言うと、表現された字形からではその文字が半角か全角かとかが判別しにくくなってるんですよ。

　そんな細かなややこしいことはどうでも良い話に思えるのですが、世の中がデジタル化を進める際に意外に障壁になっていたりするので、ちょっとだけ意識しておいてください。要するに、文字の「見た目」とデジタル化したデータは異なること、コンピュータが文字を扱う基本は１バイトの ASCII コードであることは、しっかり憶えておきましょう。

数値のデジタル化：ふたたび

　さて、ここで再び数値のデジタル化について考えましょう。１バイトの二進数データは十進数 ０〜255 までの数値を表せますが、計算に使うにはちょっと桁数が足らないですよね。コンピュータで整数を扱う場合は４〜８バイトくらい使うのが普通です。４バイトでも４B ＝ 32ｂ ですから 40 億までの数値が表せますね（前章でやった桁数の概算、憶えてますか？）。ま、必要なら何バイト使ってもいいですけど、使うバイト数は予め決めておかないといけませんね（図 2.1）。

　次に、マイナスの数をどう表すか。もちろん ASCII コードにはプラス／マイナスの記号（＋:00101011 ／ −:00101101）があります。これを付けてもいいんですけど（図 2.2：Ａ案）、１バイトあるいは４バイトかそこらのデータに対してわざわざもう１バイトの符号を追加っていかにも無駄ですよね。それに、数値としての二進数と文字としての二進データが混ざっているのは、見た目だけでは区別できず混乱のもとです。

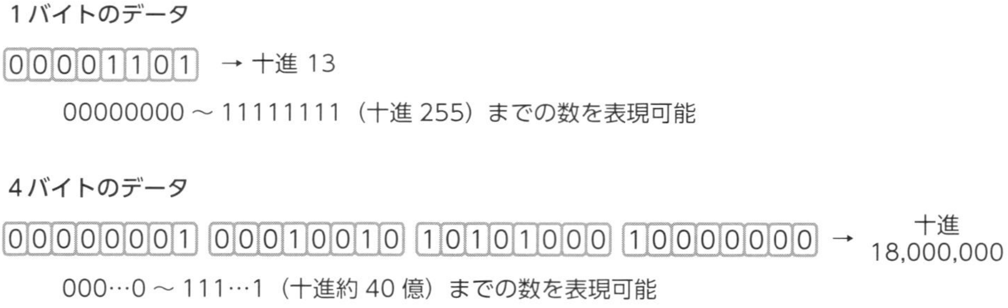

1バイトのデータ
00001101
→ 十進 13
00000000 ～ 11111111（十進 255）までの数を表現可能
4バイトのデータ
00000001 00010010 10101000 10000000
→ 十進 18,000,000
000…0 ～ 111…1（十進約 40 億）までの数を表現可能

図 2.1　整数の二進表現とバイト数

十進 −13(マイナス 13) をどう表すか？
A案
00101101 00001101
× わざわざ2バイトも必要
× 文字コードと数値が混在
文字「−」の ASCII コード
数値 13 の二進数
B案
10001101
○ 1バイトで済む
△ 数値は 0 ～ 127 まで
符号ビットと考え1なら負
数値 13 の二進数
C案
十進 13 を負の数に変換
00001101
十進 13 の二進表現
①全ビットの 0/1 を反転
11110010
②最下位ビットに 1 を加算
11110011
十進 −13 の二進表現
11110011
00001101
+)
00000000
なぜなら、元の 13 と加算するとゼロになるから
最上位の1も符号ビットと見なせて都合がよい
さらに上位へ1が桁上げするが定義範囲外なので無視
桁上げ
十進 32 の場合でもう一度
00100000
32
①反転
11011111
② +1
11100000
これが −32
11100000
00100000
+)
00000000
32 と加算すれば0
桁上げ

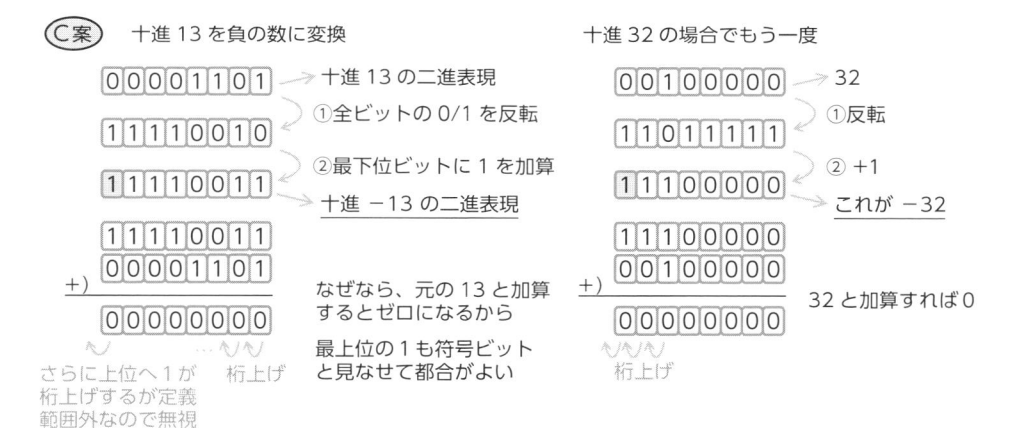

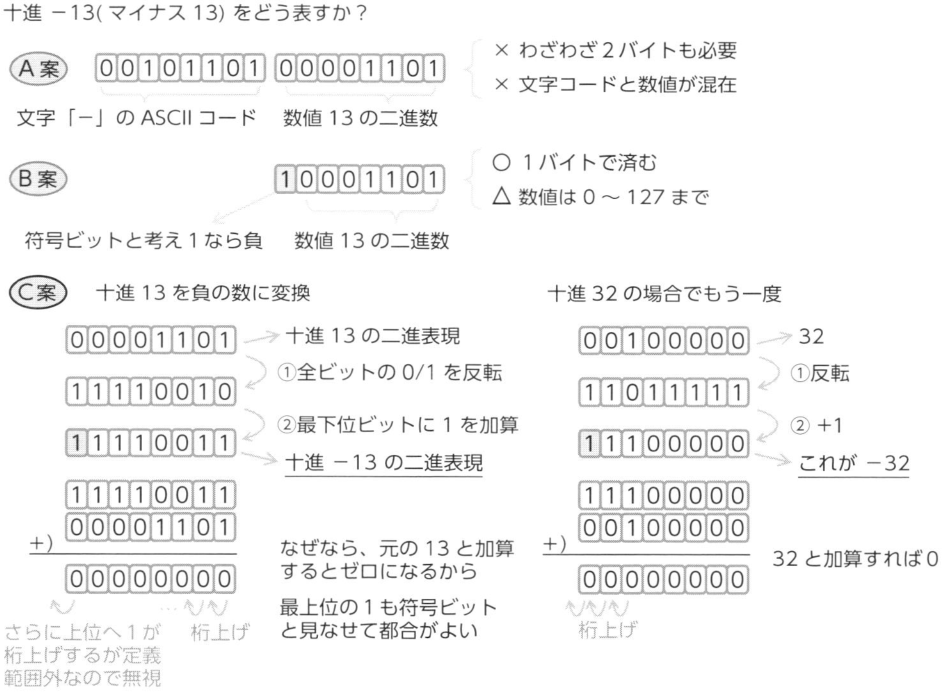

図 2.2　負の数の作り方（2の補数表現）

そこで、数値データの最上位ビットだけを符号を表すために使いましょうかね。ここが0なら正、1なら負と勝手に決めちゃうワケです（B案）。ただ1ビット減ってしまいますから、1バイトのデータだと ±127 までしか表せなくな

りますけどね。まぁ普通は4〜8バイトくらい使うので4バイトあれば1ビット減っても20億まで表現できるから問題ないでしょう。

　実はある正数を負にした数を表すには、元の数の全ビットの0/1を反転し、さらに最下位に1を足す形式（C案）がよく使われてます。え？どーして反転するのって凄く疑問に思っちゃう人もいますが、色々試してたまたま思いついたんでしょう。正数の場合は最上位ビットが必ず0とすれば、これを反転した1がマイナスを表す符号ビットと見なせますしね。また、0/1を反転した数と元の数を足せば全ビットが必ず1になるので、さらに最下位への+1で全ビットに桁上げが生じてオール0になりますよね。あ、最上位からさらに上への桁上げは無視してください。データはバイト単位の定義範囲内に限ると決めましたから見なかったことに。

　このように元の数と足してゼロになるから、負の数のデータとして機能するワケです。この形式は難しい言葉で「負の数の**2の補数表現**」なんて言います。まぁそんな名前はともかく、数値データが負の値を扱う形式なのかどうかは（文字データと同様）扱う側で決めてることにご注意ください。

小数点付きの数値データ

　最後に、小数点がある数値データについてデジタル化を考えましょう。3.1416とかですね。十進数では、小数第1位は0.1、小数第2位は0.01、小数第3位は0.001と、1つ下の位は上の位の1/10の数の桁になっています。同じように二進数の場合は位が下がる毎に1/2、つまり半分の数の桁になるので、小数第1位は0.5、小数第2位は0.25、小数第3位は0.125です。例えば、二進小数0.1101は十進数では$1 \times 0.5 + 1 \times 0.25 + 0 \times 0.125 + 1 \times 0.0625 = 0.8125$を表しています。

　また、十進数では非常に大きな数から小さな数までを統一的に記述するために、以下の「**浮動小数点**」という表現が用いられています。

$$0.000123 \quad \rightarrow \quad 1.23 \times 10^{-4} \quad (10^{-4} は 1/10^4 の意味だよ)$$
$$456700000 \quad \rightarrow \quad 4.567 \times 10^8$$

といった感じ。これにならって、二進数でも1.1101×2^{101}のような形でデータを表現します。この二進小数の部分（仮数部と呼ぶそーです）と2のべき乗の

部分（指数部と呼びます）を、4 バイト (32 b) または 8 バイト (64 b) の中に適当に並べる形式が世界標準で決められてて IEEE754 規格とかゆー、まぁ細かいことはどーでもいいですが。気になる人はネットで検索してね（図 2.3）。

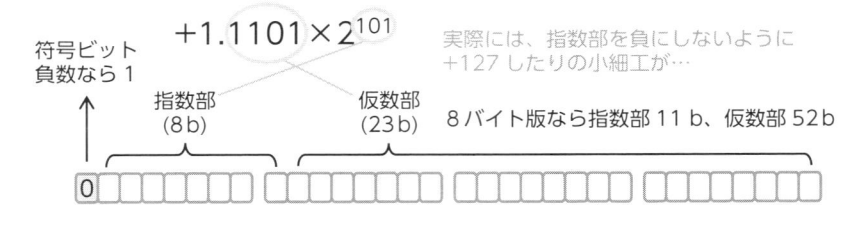

図 2.3　小数点付き数値の表現（IEEE754 規格）

　ここで知ってほしいのは、小数点付きのデータは整数のデータとは全然違って「作為的な形式」であること。整数データは二進数の数値として意味を持っていて（負の数も含めて）そのまま計算にも使えます。ところが、小数点付きデータは、まずどんな形式で表現されているか確認して、その形式に沿って仮数部とか指数部とかを取り出して、定義に従って数値として再現しないと計算には使えない。そういう面倒くさいデータなんですよ。

　ついでに言っちゃうと、実は数値としても不正確な値なんです。だってほら、例えば 1/3 って小数で表すと 0.333… ってキリがないでしょ。これは二進数で表現しても同様です。それどころか、十進数では有限桁で表せる例えば 0.1 のような値でも、二進小数で表すと 0.0001100110011001100… となって、何桁使っても正確な値にならない場合もあります。もちろん実際のコンピュータとしては無限に桁を用意できないから、データは打ち切るっきゃない。つまり、誤差が含まれる場合が多いんです。現実の世界ではこういった小数点付きの数値データがほとんどです（だから実際に存在する数、「実数」と呼ばれますよね）が、それをデジタル化してコンピュータで計算すると、どうしても誤差のある近似値になっちゃいます。技術に詳しくない人ほど「コンピュータだから計算は絶対に正確だ！」なんて思いがちですので、気をつけてくださいね。

　以上のように、第 2 章では数値や文字や記号のデジタル化についてお話ししました。色々なデータが 0／1 で表現できるって感覚が掴めてきたんじゃないでしょうか。こうしたデータ形式の取り決めが共通で普及しているから、皆さんもメールや LINE で文字を読み書きできるし、コンピュータでも様々なデータを

計算したり通信したりできてるんですよ。次章ではいよいよ音声や映像のデジタル化に話を進めましょう。

本章のポイント

- コンピュータが文字を扱う基本は 1 バイト（= 8 ビット）の ASCII コード
- それ以外の文字は複数バイトを使って表現する (Unicode, Shift_JIS)
- ASCII コードと見た目が似てるが、データは異なる別の文字に注意する
- 二進データの最上位ビットで符号を区別し、負の数として加算にも使える形式（2 の補数表現）があって、よく利用されている
- 小数点付きの数値（実数）データは、整数とは全く異なった形式で扱われる
- 二進データ自体では、それが数値なのか文字なのか、どんな形式で表現されているかは分からない（扱う側で決める話）

● ● ● ● ● ● ● ● ● ● 章 末 問 題 ● ● ● ● ● ● ● ●

世界共通の文字コードを使った (*^_^*) みたいな絵文字は、さらに拡張された文字も使った形で発展しています。こうした芸術は元の文字コードの名前で何と呼ばれるでしょう？

∧＿∧
(´∀｀)

選択肢 1)　ネットに咲いたサブカルのあだ花、**アスキー**アート
選択肢 2)　ゲームに乱入して来た謎の車は、アバターのカート
選択肢 3)　暖かくなったからそんなに着込むな、厚着アラート
選択肢 4)　凍り過ぎてて歯が折れちゃうよ、アズキのデザート
正解を知りたが… (ry

 # 音声や映像のデジタル化

　もう何だってデジタル化できる気がして来たと思います。今度は音声や映像を0／1にしちゃいましょう。

音とは何か？

　あらたまって聞かれると困る人もいるでしょう。理科の時間は寝てたのかしら？　音とは空気の振動ですよ。空気ってのはスカスカだから、ギュッと密に集まったり粗くなったりする振動が波として伝わります（粗密波って言いましたよね）。つまり、粗密の度合いが時間によって変化するのが「音」で、ある場所の空気の密度を縦軸に、時間を横軸に表すと図3.1みたいな波の形になります。この時間による変化が、音源から離れるにしたがって段々と遅れた形で同じように現れるので「音が伝わる」ワケです。

　ここで注目してほしいのは、「音を表す空気？」みたいのが直接移動して行って音が伝わるんじゃないってこと。空気はそれぞれの場所で揺れてるだけで、その振動という「有り様」が押しつ押されつ伝搬していく。つまり音は「振動というデータ」なんです。ほーら、音もデジタル化できそうでしょ？

音が聞こえる仕組み

　さて、この音という振動データが人間の耳に入って鼓膜を震わせます。耳の解剖学的な構造はネットで気色悪い絵でも探してもらうとして、鼓膜の振動は耳奥にある蝸牛管ちゅーカタツムリそっくりの器官に伝わります。このカタツムリの渦巻きの中はリンパ液が満たされてて、入り口から奥へ向けて内壁に細かなウブ毛みたいのがビッシリ生えてます。このウブ毛は、入り口だと素早く

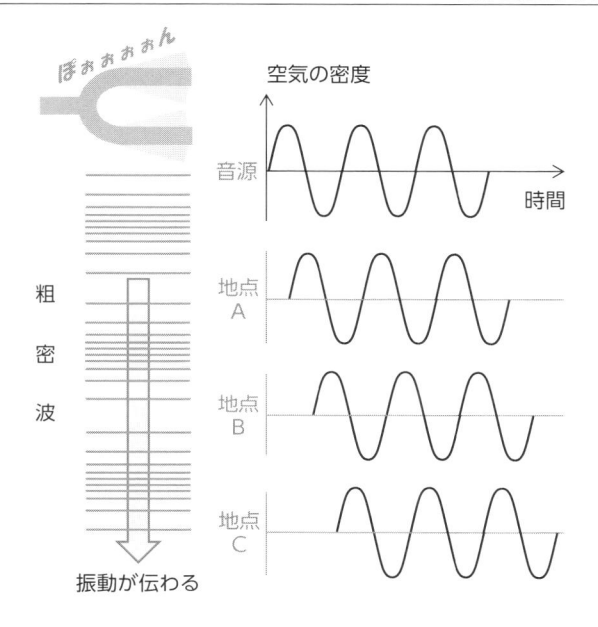

図 3.1   音の伝搬

動く振動、奥へ行くほどゆっくりした振動を感じるようになってます。図 3.2 にイメージを示しましたが、数字は振動の忙しさです。

　振動が 1 秒間に何回行ったり来たりするか、その回数で振動の忙しさを表していて「**周波数**（しゅうはすう）」と呼びます。波が一周回って来る数ですね（図 3.3）。単位はドイツの有名物理学者の名前から**ヘルツ** [Hz] を使います。カタツムリのウブ毛は入り口辺りで 20,000 Hz から、奥の方で 20 Hz くらいまでの振動に反応し、個々の周波数毎の揺れ幅 — **振幅**（しんぷく）のデータとして脳に送られるワケです。

　脳では送られてきた振動データの周波数を「音の高さ」として感じます。周波数が少ないのは「低い音」、多いほど「高い音」ですね。ちなみに歳を取るとカタツムリの入り口付近から劣化するので、蚊の羽音（モスキート音）のような高い音から聞こえなくなっちゃいます。私しゃもぅ危ういデス。

　一方で、振動の振れ幅（振幅）は「音の大きさ」として感じます。振幅が大きいほど「大きな音」ですね。そして、各周波数毎の音の大きさ、つまり周波数の成分全体を脳で総合的に判断して、それを「音色」として感じるワケです。

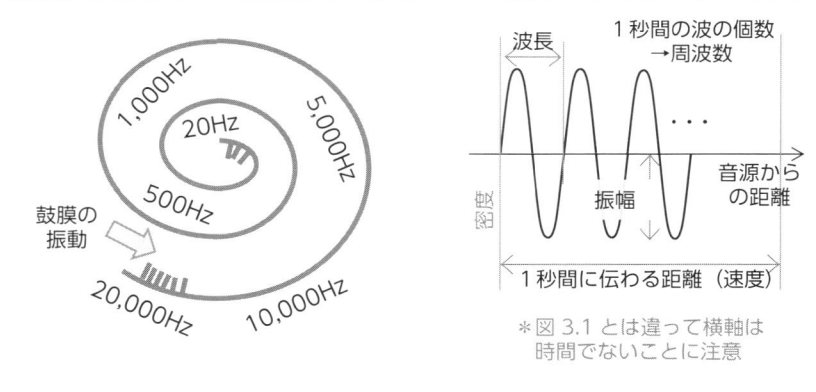

図 3.2　蝸牛管（イメージ）　　　　図 3.3　周波数, 振幅, 波長

様々な周波数が色々な大きさで混ぜ合わさると、音の波はそれらの混ざり具合に応じた不規則な形になります（図 3.4）。この波の形が音色だとか言われますが、実際には細かく何 Hz の成分がいくつ、何 Hz の成分はこれくらいという**周波数成分**に分解して、それらを複雑に組み合わせた「全体としての感覚」を人間は音色として受け取ってるんですよ。だからこそピアノの音や電車の通過音、誰それさんの声だとか、様々な音色を聞き分けられるのですね。人間の耳、凄いじゃん！

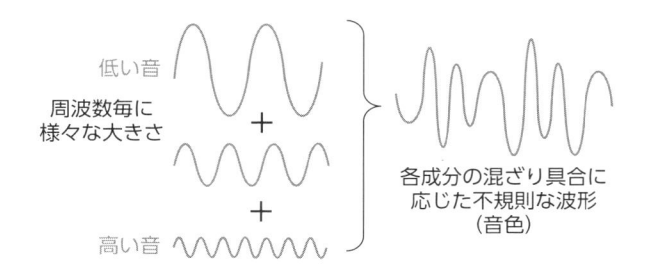

図 3.4　周波数成分と音色

音のデジタル化

　音をデータとして採取するにはマイクロフォンを使います。カラオケなんかで握りしめてるあのマイクですね。電線を巻いたもの（コイル）が音で揺れる

と磁石による電磁誘導って現象が起こって、その振動の形の電流がコイルの電線に流れる仕組みです。この電気信号は、スピーカーのコイルに流せばマイクと逆の仕組みで振動板が揺れて音として再生されますから、「音のデータ」であると言えるワケです（図 3.5）。

　この音データは波の形のままで、音楽用磁気テープ（昔、カセットテープってあったの知ってますか？　名刺大で数ミリ厚の携帯用の記憶媒体です）に記録したり、アンプという装置で増幅したり、電波に載せてラジオを鳴らしたりしてました。波の形のまま扱うこうした技術は「そのまんま」という意味で**アナログ**と呼ばれてます。これに対して、波の形ではなく数字 (digit) に変換して扱おうってのが現在の**デジタル**技術なんです。もちろんコンピュータで処理するために数字化したワケです。

　そこで、時々刻々変化する波の大きさを、ある瞬間は 0、次の瞬間は 6 ... って感じで、非常に短い時間間隔（ミリ秒以下）で次々と記録していきます（図3.6）。この「0, 6, 8, 9, ...」のデータを二進数で並べたものが音のデジタルデータです。実際にはこんな ±10 段階の値じゃなく、1 バイト使って 0〜255 まで256 諧調データとか、あるいはもっと細かくデータ化するワケです。波の形から数値並びへの変換はアナ・デジ変換、逆はデジ・アナ変換とか呼んで、様々な機器が開発されています。最後はアナログにして波の形にしなきゃ耳には聞こえないですからね。

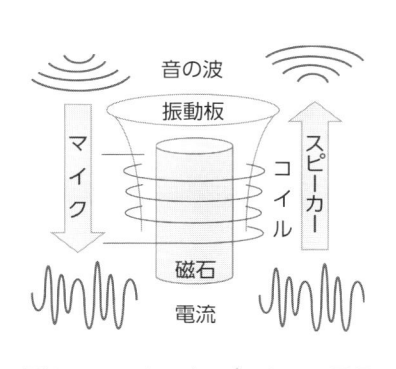

図 3.5　マイク／スピーカーの原理

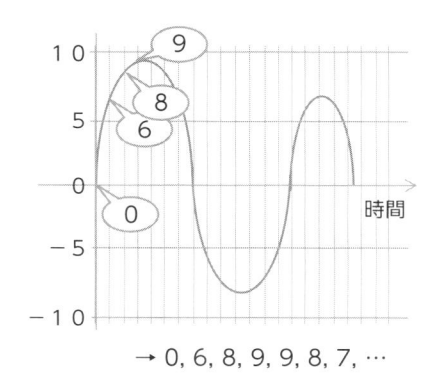

→ 0, 6, 8, 9, 9, 8, 7, ...

図 3.6　波形データのデジタル化

デジタルにするメリット

　ところで、なぜデジタルにするかと言うとデータをコンピュータで扱いたいからですが、コンピュータで扱うと何が嬉しいか。そりゃ①うまい、②早い、③安い、からです。なんか牛丼が食べたくなってきました。

　まず音が①うまい、いやキレイになる話です。アナログの波形データは、記録するにも通信するにも雑音が入っちゃうのが電気信号の宿命です。昔は先ほどの話にあったカセットテープとかラジオ放送なんかは、シャーシャー言う雑音だらけでした。今は全部デジタルになっちゃったからなー、若い人は「雑音だらけの汚い音」って言ってもピンと来ないでしょうね。

　いやデジタルデータだって記録や通信の際には必ず雑音が混入するんですよ。でも波形データだと雑音が入ったら元の波形がどんなだったか分かりませんが、デジタルは０／１だから多少汚れたところで０／１には変わりありません。ですから新しくキレイな０／１に再生できるんです。音楽とか画期的にキレイな音になって雑音なんか過去の話ですよね（図 3.7）。

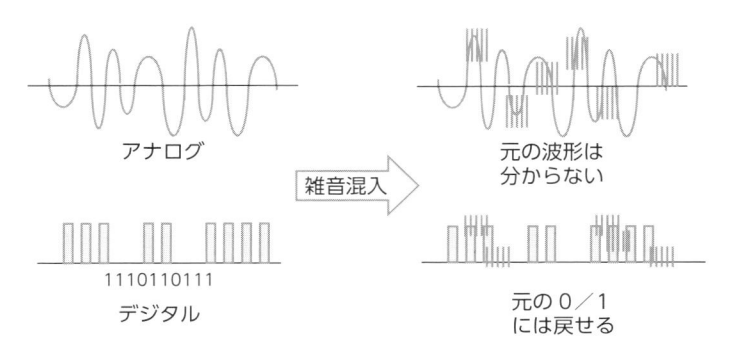

図 3.7　デジタルなら雑音を除去可能

　次に②早い、というか手軽に処理できる点。波形データのままだと記録や通信するくらいが関の山ですが、数値になってりゃ数学テクニックを駆使して色々な加工ができます。いや、数学ってもアナタにやれとは言ってませんからご安心を。なんせコンピュータですから計算はお手のものです。例えば**フーリエ変換**なんちゅー秘術があって、デジタルな波形データを足したり引いたりして周波数成分を計算できるんです。つまり人間の耳と同じような処理ができるよう

になってます（これ Excel でも可能だったり）。

　おかげで、音楽データを人間の耳に聞こえる範囲の周波数に限定するなどを
して、非常に小さく圧縮できます。アナログではカセットテープに2時間程度
しか録音できなかったものが、スマホに何千〜何万曲もダウンロードできてい
るのは圧縮技術の成果ですね。また、人間のような歌声を機械的に合成して、日
本の音楽文化に革命を起こした「ボーカロイド」（初音ミクでお馴染みですね）
もデジタル技術の賜物です。

　最後に③安い。これはコンピュータが超安価に製造できるからです。現代文
明のあらゆる物品に利用されているコンピュータチップは、指先に乗るほど小
さいながら何でもできる万能選手。何にでも使えるから全世界で膨大に大量生
産されていて、そのため非常に安価です。安いのは1個百円！から。この安い
コンピュータを使えば、デジタルデータならどんな処理もコストかけずにでき
ちゃうワケです。詳しくはまた第4章で説明しましょう。

　以上のように、音や声のデータをデジタル化する方法と、デジタル化のメリッ
トをお話してきました。次は、画像や動画などの映像、つまり光のデータのデ
ジタル化について説明しますね。ま、似たようなものですが。

光とは何か？

　あらたまって聞かれると困る人もいるでしょう。理科の時間は寝てたのかし
ら？　光とは「空間」の振動ですよ。空間なんて何も無いところだと思ってるで
しょうけど、実は電気的な性質と磁気的な性質を空間それ自体が持っていて、そ
れら性質の絡まりあった振動が波として伝わります（**電磁波**って呼ばれます）。
テキトーな説明だけど、まぁホントの話だよ。音と似たようなもので、光も振
動のデータですからデジタル化が可能ですね。

　ちなみに、スマホの通信やテレビ放送なんかで使う電波も同じ電磁波で、この
周波数がもっと高いのが私たちの目に見える「光」なんですね。光の場合は周波
数じゃなく、1つの波の長さ（**波長**）で表すのが一般的です。音と違って光は速
度が一定ですから（あの有名なアインシュタインの光速度不変の原理ですよ）、
速度＝周波数×波長ですので周波数と波長は1対1に対応します。人間が見え
る可視光は波長 350 nm（ナノメートル＝10^{-9} m）〜800 nm 辺りで、波長の長

い方から短い方へ赤～緑～青と虹の七色に分布しています。例えば黄色光なら波長 580 nm くらいで、周波数にすると 520 THz（テラヘルツ = 10^{12} Hz）ってとんでもない高さになります（図 3.8）。

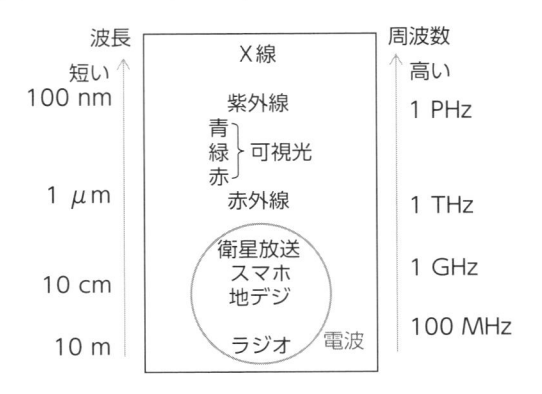

図 3.8　電磁波の帯域による名称

光が見える仕組み

　さて、この光という振動データが人間の眼に入って網膜を刺激します。眼の解剖学的な構造はネットで気色悪い絵でも探してもらうとして、眼の奥の網膜には 1 億個もの視細胞がビッシリ並んでいて、外界の画像を細かな光点（**画素**）の集まりとして捉えています。明るい場所で光を感じる視細胞には 3 種類あり、各々が可視光の赤・緑・青辺りを中心に図 3.9 に示すような「各波長に対する感度」を持っています。人間はこの視細胞 3 種の感度を総合して、各画素に入ってきた光の波長、つまり「色」を判断しているワケです。この辺り、音の周波数成分を総合的に判断する「音色」と似てますね。

　例えば、黄色（波長 580 nm）の光に対しては赤細胞と緑細胞が同じような感度であるため、この光はきっと黄色だろうと判断しているワケです。だから、もし入ってきた光に赤色光と緑色光が同じくらいに混ざっていて、赤細胞と緑細胞が同様の感度を示したら、この光は黄色だろうと判断されちゃうんですよ。「光の三原色」とか言って、赤色と緑色を混ぜると黄色になるというのはこれですね（図 3.10）。光を混ぜたからと言って波長が変わるワケじゃないから勘違いしないよーに。まぁ眼は勘違いしてるんですが。

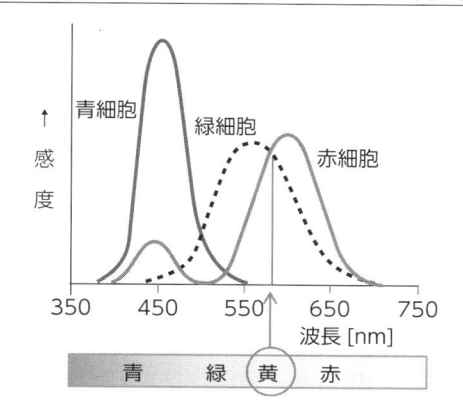

図 3.9 視細胞の波長に対する感度
参考：`https://star-party.jp/owner/?p=48`

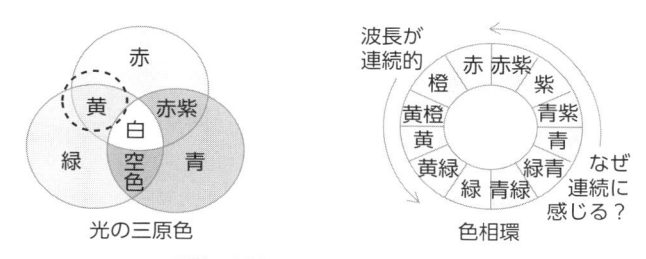

＊予算の都合でモノクロ印刷、ゴメンね

図 3.10 光の色

　ついでに言っちゃうと、赤細胞は赤色光のピークの他に青色光の波長にもちょいと感じてます。このため、赤色と青色は波長が長い方と短い方の両極端なのに、赤〜紫〜青に連続性が感じられちゃって「色相環」なんちゅう輪っかの形が使われたりしてるんですよ。知ってましたぁ？

　それはともかく、このように人間が眼で見てるのは、各画素の光に対する3種の視細胞の感度データだけです。これを脳が各画素点の「色」と感じ取るワケですが、その後で色の粒々を複雑に組み合わせて、物の形であるとか質感、果てはそれが何の画像であるかを判断します。これらはさらに進んだ非常に高度な判断になることは、よーっく理解しておいてください。

　実際、コンピュータが画像を見て「猫が映ってる」と判断できるようになったのは、ごく最近ほんの十年ほど前になってからです。それも何億回という計

算処理をして初めて、まぁまぁ可能になった程度です。画像データというのは光点の色情報の集まりに過ぎません。それだけから外界の様子を色々と判断できるって、人間は凄いことを軽々とこなしてるんですねー。

画像のデジタル化

　画像をデータとして採取するにはカメラを使います。カメラの機械的な構造はネットでややこしい絵でも探してもらうとして、人間の網膜に相当する**イメージセンサー**というチップには数千万個のフォトダイオードがビッシリと並んで、各画素毎の光を捕えています（図 3.11）。

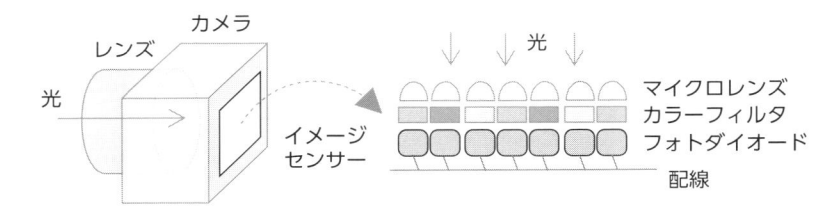

図 3.11　デジタルカメラの仕組み

　フォトダイオードは光の強さを電気信号に変える素子です。個々に赤／緑／青のどれかのカラーフィルタをかぶせているので、3 種の視細胞よろしく各々赤色・緑色・青色を中心とした波長の光に対する感度を持ちます。この 3 色 (Red, Green, Blue) の光の強さを、各々 1 バイト使って音と同様に 0〜255 まで 256 諧調データとかにします。1 バイトは 8 ビットだから 8 b × 3 色 = 24 b で、つまり 24 = 10 + 10 + 4 だから、10 b で k 、さらに 10 b で M、残り 4 b は $2^4 = 16$ なので 16 M = 千六百万色が 3 バイトで表現されてるってことですね。画像が横 1280 × 縦 720 ≒ 1 M の百万画素で構成されている場合、画面左上から右下へ横 1 列ずつ順に、3 バイト／画素の色情報（RGB 信号）を百万組並べたもの（3 MB のデータ量ですね）が画像のデジタルデータになります。

　ひと昔前のカメラはイメージセンサーなんか無くて、感光すると性質が変わる銀塩材料を塗ったフィルムが使われてました。レンズからの光をシャッターで一瞬だけフィルムに当て、各画素の場所での感光した度合いを「現像（げんぞう）」という化学処理で光の透過率に変えたネガを作り、これから写真として

印刷（焼き付け）してました。いやぁアナログだったなぁ。

　今は撮影した最初からデジタルデータになってますから楽ちんですね。ただし、画像として再現するには画素の順に並べないといけないので仕掛けが必要です。**液晶**ってのは液体と結晶の中間的な性質の材料で、電気信号に応じて光の透過率を変えます。これを画素通りビッシリ並べ、バックライトの光を3色信号に応じて透過させて、赤・緑・青のカラーフィルタを通して光らせれば、画像を表示する液晶ディスプレイになります（図3.12）。最近流行の有機ELはEL素子自体が3色に発光していますが、それ以外の画像を映し出す原理は液晶と同じです。

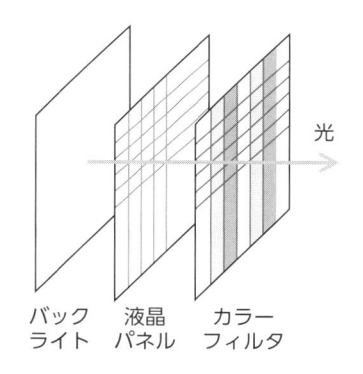

光

バック　　液晶　　カラー
ライト　パネル　フィルタ

図3.12　液晶ディスプレイの仕組み

画像データがデジタルであるメリット

　ほとんどは音のデジタル化と同様ですが、計算してデータを圧縮できるのは特に便利です。画素がビッシリ並んでたって、周囲と急に色が変わるような点は稀にしかありませんし、人間の眼なんて結構騙され易いから、そこら辺を手抜きしてデータを小さくするワケです。例えば、百万画素のカラー画像なら前述のように3MBものデータ量になりますが、JPEGとかって形式にすれば1/10以下にできちゃったりします。写真を送ったり共有するのもスイスイですね。他にもPNGやGIFなど様々な圧縮形式がありますので、気になる人は「画像圧縮形式」でネット検索してみてね。

　圧縮以外にも、デジタルデータに対しては様々な処理が割と簡単に行えます。プリクラなんかでお馴染みの「盛った自撮り」とか、顔認証でのロック解除と

か。最近の AI 技術では前述のように「画像に映ってるのは猫」との認識まで可能になりました。また、2023 年には「生成 AI」まで登場し、ありもしないフェイク画像まで捏造されて大問題になっているのはご存じの通り。デジタル化はメリットばかりでも無かったですねぇ。

動画のデジタル化

　静止画だけではなく、動画についてもデジタル化は同様です。そもそも動画ってのは、動きに沿って少しずつ変化した静止画をパラパラ漫画よろしく次々と表示させたものです。1 秒間に表示させる画像の枚数（**フレーム数**）としては30 や 60 が標準ですが、最近は「俺のゲームテクニックにゃ画面スピードが足りないぜ！」などとうそぶいて、300 フレームとか表示できる画面モニターに大金使ってる人もいたり。ま、趣味は放っときましょ。

　30 フレームくらいでも動画のデータ量は静止画よりも非常に大きくなりますが、一方でフレーム間での画像にはそれほど違いは無い（だからこそ「動いて」見える）ので、それを利用して圧縮が可能です。実際にＴＶのハイビジョン放送では 1980 × 1080 ≒ 2 M 画素を 8 ビット 256 諧調 RGB 3 色で 30 フレーム送ると 1 秒間に 1.5 Gb もの伝送速度が必要です。圧縮技術で百分の 1 くらいに落とさないと地デジ 1 チャンネルの放送電波には乗りませんから、圧縮あればこその放送ですね（図 3.13）。動画の圧縮形式は国際的な標準化が進んでいて、地上波デジタルには MPEG2、ネットでの動画ファイルには MPEG4 という形式がよく使われています。

デジタルデータの区別

　音や光（映像）が様々な形でデジタル化されている様を紹介してきました。ただ、デジタル化されたデータは単なる 0／1 の並びで、データ自体ではそれが音声のデータなのか映像データなのかは分かりません。あるいは、第 2 章で述べたような数値や文字や記号かも知れません。他にも Excel やゲームアプリなんかのデータも同様で、どれもバイト単位の 0／1 が「**ファイル**」という形でまとめられてパソコンにどっちゃりと記憶されています。

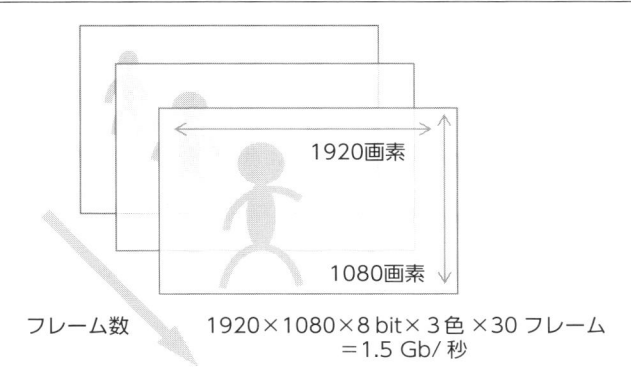

フレーム数　　1920×1080×8 bit×3 色 ×30 フレーム
　　　　　　　　　　＝1.5 Gb/ 秒

（地デジ1chの放送能力は約17 Mb/秒）

図 3.13　ハイビジョン動画のデータ量

　これらをちょっと区別したいよね、という話があって、Windows とかでは
ファイル名の後ろに**拡張子**という名前が追加で設けられています。皆さんが勝
手に付けたファイル名に続けて、〜.txt とあったらテキスト（文字）だけのデー
タ、〜.jpg なら JPEG 形式で圧縮した画像データとか示すワケです（表 3.1）。
この拡張子に応じてファイルのアイコンが表示されていたり、クリックすると
対応したアプリが起動したりします。よく知らない人が勝手に変更しないよう
に拡張子を表示しない設定となっている場合があるので、そんなときは「拡張
子　表示」とかでネット検索し表示法を確認してください。

表 3.1　主な拡張子（ごく一部）

拡張子	ファイルの内容
.txt	テキスト（文字）だけのデータ
.csv	カンマで区切った数値データ
.jpg	JPEG 形式の画像
.png	PNG 形式の画像
.mp3	MPEG1 Audio Layer-3 の音楽
.mp4	MPEG4 形式の動画
.pdf	PDF 形式の文書
.html	Web 表示用の HTML データ
.xlsx	Excel 用のデータ
.docx	Word 用のデータ
.py	Python のプログラム

　以上のように、第３章では音声や画像・動画のデジタル化についてお話ししました。第２章までの話と併せて、世の中のすべてのデータが０／１で表現できることを分かっていただけたかと思います。実は、森羅万象を０／１のデータに変えてしまい、それらの有り様に対して何か為すべきことすべてを０／１データの「計算」で済ませてしまおうとゆー、これこそが現代デジタル文明の本質だったのです。いやぁすんごい真相が暴かれて来ちゃいましたよねー。そのスジの人に消されちゃうかも（どのスジだよ？）。

　てなことで、次の第４章からは装いも新たに「第Ⅱ部」として、どんなことでも０／１の計算で済ませる仕掛け、コンピュータの正体についてお話していくワケです。いやぁ～楽しみですねぇ。わくわくっ！

本章のポイント

- 音は振動波形の振幅の数値を、短時間毎に並べてデジタル化できる
- 画像は縦横に区切った画素毎に、３色別の光強度でデジタル化できる
- 音や画像のデータをデジタル化すると、①雑音を除去し品質を高め易い、②数学を使った様々な加工が簡単、③処理にコンピュータを使えるのでコストが安い、などのメリットがある（特に圧縮技術は広く利用されている）
- デジタル化したデータを区別するため、ファイルの拡張子が使われる

　　　　　あれ？　ずいぶん色々な話があったけど、要点はこれだけかぁ…

章末問題

　デジタル化によってどんなデータもすべて０／１になり、簡単な仕掛けで処理することができます。その代わり、データを見ただけでは単なる０／１の並びですので、何のデータなのかは分かりません。どうしましょう？

　選択肢１）　ファイル名に付与された**拡張子**が内容判断の参考になる
　選択肢２）　薄目を開けてデータを見ていれば何なのか浮かび上がる
　選択肢３）　中身が分かるファイルと混ぜ合わせ固まるかで判断する
　選択肢４）　無理にファイルをこじ開ければ耐え切れなくて自白する

ンなワケあるかぁ～？

空欄夢（くうらんむ）　ほんとにフォントね

　虹を七色と見るのは日本といくつかの国々だけで、米国では六色、ドイツでは五色とかで表現するそーです。そもそも私の見ているこの赤色は、アナタが感じている赤色と同じなんだろうか、なぁーんて哲学的疑問に捕えられると人生の孤独に一気に襲われそうな今日この頃。それでも心が通じ合える友人は大切にしたいものですね。…何の話でしたっけ？

　第3章では私たちの眼が色を感じる仕組みと、画像データが各画素の色情報の集まりに過ぎないことをお話ししました。色の集まりから元の3次元形状をアタマの中で再現する人間の想像力（妄想力？）にも驚かされますが、私のアタマにあるこの世界の形とアナタの考える形、ホントに同一なんでしょうかね？　色と同様な疑問がムクムクしちゃいますよね。

　この世はすべて夢マボロシ、とまで悟りきってしまえば話は別ですが、脳が外界を把握する仕組みにはナゾが深まるばかりです。まぁ本能に近い機能、この自然環境内で外敵を避け獲物を見つけるための認識能力なら、きっと誰でも生まれつきのうまい仕組みを同じように持っているだろうと考えます。でも誕生後に獲得した機能、例えば文字の認識能力はどうでしょう？　アナタは文字の「読み方」をどうやって身に付けましたか？このスキルは果たして万人に共通のやり方なんでしょうか？

　人によって文字認識に必要な脳の負荷に大きな差があることがだんだん明らかになっています。負荷が大きい人でも最初からそうですから気づけません。ものすごーく大変でも、なんか他人より読むのが遅いなと感じる程度。それすら脳が能力を集中させたら違いが出ません。後で疲労が溜まるでしょうけど、完全に個人次第です。負荷が大きすぎてほぼ字が読めない方は「**ディスレクシア**」と呼ばれて人口の1割以上いるそうです。欧米では昔からよく知られていて、日本でもようやくＬＤ（学習障害）として教育現場などで広く認識されるようになってきました。正しくは障害ではなく個人差、誰にでも程度の差こそあれ存在しうる機能の偏りです。

　日本のように識字率が高い社会にいて、ましてや本書を読んで頂けている方々には馴染みのない話かも知れません。私なんか学生に「もっと本を読まんか！」と怒鳴り散らしてましたから、この話を知ったときは大変なショックでした。いかに教育者として傲慢だったかと思い知らされました。勝手な思い込みで他人の言動を憶測する危険性を警鐘したい。ゴメンナサイ…

　私の情けないザンゲはともかく、識字能力については視覚系や脳機能などの面から様々な研究が進んでいます。その画期的な成果として**ユニバーサルデザイン・フォント**（UDフォント）が発明されました。誰にとっても読み易く感じられる字形として設計されており、何種類か作成されています。大学の教育現場でも推奨され始めましたし、MS-Office系のツールにも組み込まれています。本書でもこの活字の使用をお願いしました。

　もちろん字の形、デザインは芸術ですから、何種類もあるフォントには各々なりの拘りがあると思います。それはそれとして、例えば電子化されたコンテンツに対し読み手側で自分が読み易いフォントを選ぶことも今後は可能になっていくでしょう。誰にとっても住み易い社会の実現に、デジタルテクノロジが役立っていけるならとても嬉しいことだと思っています。

第 II 部

めっちゃ簡単だった
コンピュータの正体

第 I 部では世の中の様々なデータを0と1だけで表すデジタル化についてお話しました。第 II 部ではデータをそのように0と1だけにしたために、これを処理するコンピュータがいかに簡単に作れるかを説明します。実は、世界中で使われているコンピュータはすべて基本的には同じ仕組みでできています。そして、その仕組みはたった4種類のデータ操作をしているだけなんですよ。一体どーなってるのでしょうか？

0と1だけで
何でも計算できる

「計算」や「数学」と聞いただけで、失神したり失踪したりする人がいるようです。皆さんの純朴な幼心に深い傷を負わせた犯人（誰かしら？）にはいずれ天誅をお見舞いするとして、今からお話しする「計算」にはなぁーーーんも難しい話はありません。ほんと、ほんと。信じてね。

二進の計算は超カンタン

だってさー、0と1しか無いんですよ、数はたったの2種類。皆さんが普段やってる十進数の計算に比べたら、そりゃもぉむっちゃ簡単に決まってるじゃないですか。例えば、十進1桁の数同士の足し算の場合、10 × 10 = 100 通りのパターンを皆さん暗記してますよね。そんなの暗記した憶えがない？って、小学生も低学年だったから忘れちゃってるでしょうけど、3 + 5 が8になるとかは基本的には憶えた方が早いですからね（図 4.1）。

掛け算なら暗記しましたよね？　ほら、九九を風呂に入りながら唱えましたよねー。まぁゼロの段は無かったでしょうけど、9 × 9 = 81 通りのパターン

+	0	1	2	・・・	8	9
0	0	1	2		8	9
1	1	2	3		9	10
2	2	3	4		10	11
⋮			足し算			
8	8	9	10		16	17
9	9	10	11		17	18

×	0	1	2	・・・	8	9
0	0	0	0		0	0
1	0	1	2		8	9
2	0	2	4		16	18
⋮			掛け算			
8	0	8	16		64	72
9	0	9	18		72	81

図 4.1　十進数2個の加算・積算（いまさらだけど…）

は暗記したハズ。だけど二進なら足し算も掛け算も $2 \times 2 = 4$ 通りっきゃ無いじゃないスか。図 4.2 に示した通り、改めて憶えるまでもないですね。

　おっと、同図左側の足し算については一言。右下のマスは $1 + 1 = 10$ を表してますが、右桁だけの加算としては答えは 0 で、左桁の 1 は上位への桁上げだから別の計算と考えた方がよいでしょう。改めて図 4.3 に書き直してみました。2 つの二進数の組合せ（4 通りありますね）に対して、加算の結果としては表の 1 列目に示したようにその桁の二進数 1 つだけ (0, 1, 1, 0) を出力してます。

+	0	1
0	0	1
1	1	10

×	0	1
0	0	0
1	0	1

2 数の組	加算	積算 (AND)	OR	...
		1	2	3	16
0　0	0	0	0	
0　1	1	0	1	...
1　0	1	0	1	
1　1	0	1	1	

図 4.2　二進数 2 個の加算・積算　　**図 4.3**　2 つの数に対する様々な計算

　同図の 2 列目は掛け算を表していて、1 と 1 の場合以外は全部 0 ですよね。実はこれが加算のときの「桁上げ」の計算にもなってるワケです。だって、桁上げがあるのは $1 + 1$ という 2 数が共に 1 の場合だけでしょ。この計算には別の呼び方もあって、1「と」1 のときだけ 1 の出力が出るってことで英語の「と」を意味する **AND** と呼ばれています。つまり 2 列目の計算は、積算でも桁上げでも AND でもあるワケです。

　AND とくれば次は **OR** ですよねー。2 つの二進数入力の片方「または」もう片方が 1 ならば出力 1 になる。この計算を OR と呼びます。両方とも 1 でも出力は 1 だと考え、これが 3 列目の計算になります。他にも様々な「計算」が考えられそうですね。どんな名前が付けられそうですか？　むふふふ。

二進 1 桁の計算は 16 種類だけ

　変態チックな計算をあれこれ妄想したとしても、図 4.3 の表は最大で 16 列にしかなりません。だって、各列は 0／1 を縦に 4 つ並べた、つまり 4 ビットですから、0000〜1111 の $2^4 = 16$ 通りの種類があるだけです。

　ついでに、入力が 2 進数 1 個だけなら 0 か 1 かの 2 通りなので、計算の種類は図 4.4 に示すように $2^2 = 4$ 通りしかありません。何を入力しても出力は切断状態 0 （1 列目）とか、逆に常に 1 （4 列目）とか、あるいは入力をそのままスルーで通す（2 列目）とかは、計算と言うほど立派なものじゃないですけどね。3 列目だけは、入力の 0／1 を反転した出力というちゃんとした（？）意味があって、「否定」の意味で **NOT** と名付けられています。

　ここで突然ですが、とびきりのヒミツをお教えしましょう！　なななんと、前述の 16 種類の計算はそのすべてが AND, OR, NOT の 3 種の組合せで実現できるのです!!　たった 3 つですよ、凄いでしょう？　これは「記号論理学」というありがたーい理論の成果で、詳細はややこしいので省きますが（ぉぃ）、具体例で雰囲気だけでも味わってもらいましょう。

　図 4.5 の 1 列目 2 列目は、2 つの入力 a, b の AND と OR の結果を示していて、各々 c, d と呼ぶことにします。この c の NOT 出力が 3 列目で、1 列目とちょうど 0／1 が反転しているのが分かりますよね。これを e としたとき、d と e の AND 出力が 4 列目です。AND ですから、d と e が共に 1 のときだけ 1 になっているのが分かると思います。

　さて、この 4 列目をもいちど見直してください。左端の入力 a, b に対する出力が、ちょうど図 4.3 の 1 列目、加算の結果と同じになっていることに気づきましたか？　そーなんです、このように加算という計算は AND, OR, NOT の組合せで実現できるんです。16 種類中の他の計算についても同様です。

入力	1 断	2 通	3 **NOT**	4 常
0	0	0	1	1
1	0	1	0	1

図 4.4　1 つの入力に対する論理

a　b	1 a AND b $= c$	2 a OR b $= d$	3 NOT c $= e$	4 d AND e
0　0	0	0	1	0
0　1	0	1	1	1
1　0	0	1	1	1
1　1	1	1	0	0

図 4.5　論理の組合せ

論理的な思考力

　そろそろ目が回ってきちゃった人がいるかしら？　「難しい話は無いって言ったのにぃ」「ダマされた！」って声が聞こえてきそうです。石を投げられても困るので、少々言い訳をしておきましょうか。

　世の中には大量の知識を必要とし、なおかつそれらをどう組み合わせるべきかハッキリしないような判断があります。例えば、膨大な法令を実際の事件に対しどう適用するか、多彩な薬剤を実際の症例に対しどう調合するか、種々の経済指標からどう株価を予測するか、など。これらは確かに専門家にとっても「難しい」話でしょう。でも今ここで話しているのは、たかが２つの０と１に対してどう０と１を決めるか、それだけの話ですよ。

　まぁ個々の判断は単純でも、それらを何段にもわたって順を追って積み上げていくのは、すぐに答えだけをほしがる人にはツライ話かも知れません。でもねぇ、こーゆー**論理的な思考力**、パズルを解いたり、犯人を当てたり、少ない知識だけからあれこれ工夫して試行錯誤する考え方って凄く大事なんですよ。この本が「アナタのアタマを良くする」と謳ってるのはコレ。ここはダマされたと思って、じっくり地道に時間をかけて、しっかりとアタマを使ってくださいね。思考力の訓練、修行ですよ。

　ただぁ～、納得さえできれば後はもぅ細かな話なんかどーでもいいのです。ここまでで憶えておくべきは「二進１桁の計算はどんなものでも AND, OR, NOT ３種の組合せで実現できる」たったこれだけ。図 4.1～4.5 なんかきれいサッパリ忘れちゃいましょう。アタマ良くなりゃ十分、よろしいですか？

AND, OR, NOT の論理素子

　本章のそもそもの目的まで忘れちゃいそうですね。コンピュータを作るために、０／１の計算の仕組みをハッキリさせようとしてたんでしたよね。AND, OR, NOT の３種の計算（各々**ＡＮＤ論理**, **OR 論理**, **NOT 論理**と呼びます）さえできれば、どんな計算でも実現できるって話でした。

　コンピュータの仕組みとしては基本的に電気信号を使い、０／１には電圧の無い／有るを割り当てます。そこで、０／１の電気信号を入力として各論理の

0／1 を出力する「**論理素子**」を図 4.6 のような記号で書き表します。変な形を してますが、私は密かに「たこ、イカ、こんにゃく」と名付けています。こん にゃくにウズラの卵が刺さって見えますが、どーでもいいですね。なんかおで んが食べたくなってきました。

　この論理素子を組み合わせると図 4.7 のような 1 ビットずつ 2 入力の**加算器** が実現できます。いかタコんにゃく図…じゃなくって、**論理回路図**と呼びます。 図 4.5 の *a〜e* と図 4.7 の信号を見比べて、よく確認してみてくださいね。え？ 図 4.5 なんて憶えてないって、忘れるの早すぎっ！

　図 4.7 では加算結果だけでなく、上位への桁上げ信号も出力されています。 まぁ AND 一発だから簡単ですね。この加算器を二進数の桁数分用意し、さらに 桁上げ信号も順次加算していけば、多数桁の加算器が出来上がります。

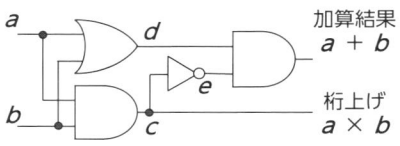

図 **4.6**　論理素子　　　　　　　　　図 **4.7**　加算器の論理回路図

論理素子のスイッチによる実現

　それでは、論理素子はどうやったら作れるんでしょうか？　これにはスイッ チを使います。電灯の On/Off をする、あのスイッチです。ゲーム機じゃあり ません、念のため。スイッチの On/Off も指ではなく電気信号、つまり 0／1 で 行います。入力信号 1 でスイッチがつながって電気が通ります。

　理科の実験をサボった人でも、図 4.8 で各スイッチをどう On/Off したら電灯 が点くかは想像できるでしょう。例えば 2 つのスイッチが電池や電球と直列に つながっている場合は両方が On でないと点灯しませんし、スイッチが並列に並 んでいるなら片方だけの On でも点灯します。一番下の例では、スイッチが Off なら電球は点灯していますが、On にすると電流はそちらに流れてしまって消灯 します。点灯を 1、消灯を 0 と考えれば、図に示した結線によって論理素子の AND, OR, NOT が実現できていることが分かるかと思います。実際には出力

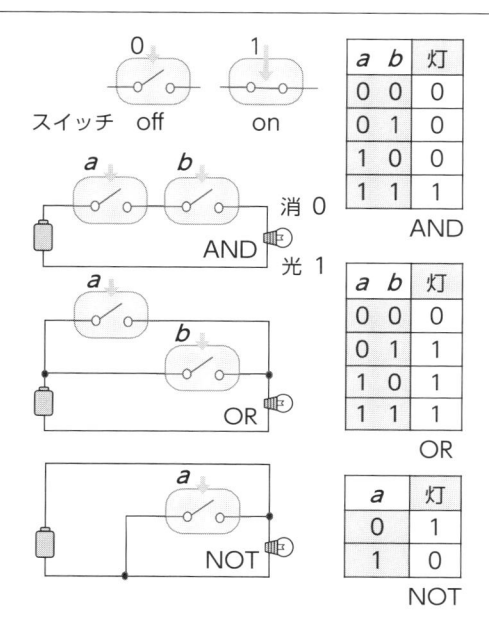

図 4.8　スイッチによる AND/OR/NOT 論理

は電球の点滅ではなく、信号の 0 ／ 1 として他のスイッチへの入力となります。

　なお、NOT の結線でスイッチを閉じると電池がショートして大惨事が起こってしまいますが、この絵はあくまで説明用で実際にはうまく作りますので気にしないでください。とにかくスイッチさえあれば（そして実際に電気のスイッチは作れるワケですから）論理素子が実現でき、つまりは 0 ／ 1 のどんな計算もできて、ほーらコンピュータの実現まであと一歩ですよ。

計算の手順

　…って、簡単にダマされてはいけませんねぇ。あ、ダマしたのはオレか。実は計算には、論理だけでなく「手順」が必要です。論理というのは入力された様々な 0 ／ 1 の組合せに対して出力の 0 ／ 1 を決める操作でした。さらに、その操作をある順番に従って次々に進めていく、そうした「手順」を論理と組み合わせることによって様々な計算が実現されるんですよ。

　具体例で見てみましょう、図 4.9 は多数桁の掛け算です。筆算なんてやった

```
  十進数                  二進数

        12345                   10100
    ×)     201              ×)     101

        12345                   10100
        00000                   00000
    +)  24690              +)  10100

      2481345               1100100
```

図 4.9   多数桁の積算

の何年前だったっけなぁ…なんて、遠い目をしてる場合じゃありません。まず
同図の左側、普通の十進数の場合で考えましょう。掛ける数 201 を下の桁から
見ていき、相手の数 12345 に各々 1、0、2 を掛けた数を順に左へ 1 桁ずつズ
ラして縦に並べていますね。これら 3 つの数を順に足していけば計算結果が得
られます。

　二進数でも同様です。掛ける数 101 を下の桁から見ていき、相手の数 10100
に掛けた 3 つの数が作られて、これらを 1 桁ずつズラして足していくことにな
ります。このとき、掛ける数は 1 桁ずつ見れば 0 か 1 のどちらかですから、掛
けた結果は 0 ならすべて 0、1 なら元の相手の数そのままですよね。これは掛
ける数と相手の数の各桁毎のＡＮＤ論理で実現できます。図 4.8 を思い出して
ください。ＡＮＤ論理は一方の入力が 0 なら出力は 0、1 であればもう一方の
入力がそのまま出力になりますからね。

　また、加算については図 4.7 のような論理素子の組合せ（加算器）を各桁毎
に用意すれば実現できましたよね。したがって、積算の手順としては

手順 1)　掛ける数の最下位（1 桁）を取り出す
手順 2)　上記と相手の数の各桁とのＡＮＤ論理を出力
手順 3)　掛ける数の次の 1 桁を取り出す
手順 4)　（手順 2 と同様）
手順 5)　上記の結果を 1 桁ずつ左横にズラす（**シフト**と呼びます）
手順 6)　手順 2) と 5) の結果を加算器で足す
手順 7)　（手順 3 と同様）
手順 8)　（手順 4 と同様、以下も同じように続く）

という風に行えばよいことが分かるでしょう。

　積算以外のあらゆる計算もこのように手順を工夫すれば実現できます。以上

から一般的に言って「手順」とは

- ある論理素子の出力データ（0／1）を憶えておく
- あるタイミングで、憶えておいたデータをある論理素子の入力として送る

という操作の繰返しであることがお分かりいただけるのではないでしょうか。

タイミングの取り方

　では、そのタイミングをどうやって取るか、です。実はコンピュータはこのための「時計（クロック）」を持っていて、非常に微小な時間（数十億分の1秒とか）間隔で0と1を繰返す**クロック信号**を発生させています。この1を加算器で数えて（**カウンタ**と呼ばれます）「時刻」が分かるワケです。

　図 4.10 ではカウンタが二進で 1101 つまり十進 13 の時刻になったとき、これをAND論理2段で検出してます。下から2桁目は NOT で反転して入力してるので、カウンタ 1101 のときにだけ AND への入力が全部1となって最後の出力が1になるワケです。この出力で別のスイッチを On し、ある信号を別のところへ通します。こうして、13 クロック目という特定のタイミングでデータを操作することができます。他のタイミングについても同様です。

　例えば前頁に示した手順 1), 2), 3), ... ならば、各々を1クロック目、2クロック目、…のように割り当てることによって、この順番に沿ったタイミングでデータを論理素子間で転送し、積算などの計算手順が実行できるワケですね。

　なお、適当なタイミングまでデータを憶えておくには「メモリ」という仕掛

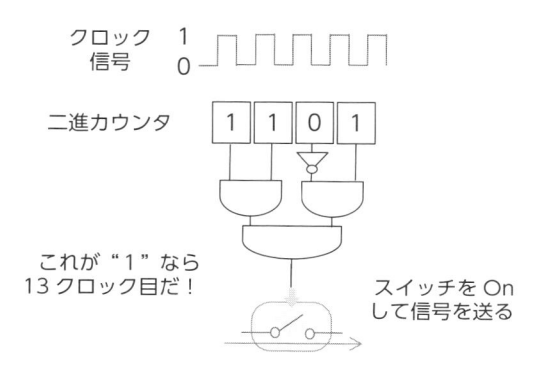

図 4.10　スイッチによる手順

けを使います。詳しくは次章で説明しますが、例えばスイッチを使って電気を
ある場所に閉じ込めておくことによってメモリが作れるのです。こうしてすべ
てが、論理も手順も0／1に関するありとあらゆる計算操作が、スイッチだけで
実現できることが分かりました！　やったね!!

スイッチをどう作るか

　ついに、スイッチさえあればコンピュータが作れるところまで来ました。やっ
と犯人を自白まで追い詰めた感じ（いや違うだろ）。このスイッチですが「量子
力学」っちゅー最先端物理学の…あ、こら待て、逃げるな！　いやいや心配に
は及びません。そんな激ムズの話をする気はありませんよ、大丈夫。ごくごく
軽〜い、電気のお話です、ちょいとお付き合いください。

　物質には、銅やアルミなど電気をよく通す「導体」と、ガラスやゴムなど全
く電気を通さない「絶縁体」がありますが、この中間的な性質を持ってるのが
あの有名な「**半導体**」です。例えば**シリコン** (Si) という半導体は金属の一種で
すが、純度が高い場合はほぼ絶縁体なんですけど、ホウ素やリンなどごくわず
かの不純物を入れるだけで急に導体っぽくなります。

　今、高純度 Si の薄い板の表面を熱処理すると浅い酸化膜 SiO_2 が形成されて、
これは皆さんご存じの「ガラス」ですから絶縁体です。図 4.11①はこの Si 表面
を真横から見たところを表してます。絶縁膜の上に polySi と呼ばれる材料とか
で細い電極 (ゲート) を付けた後、表面側から不純物を打ち込むと酸化膜を通過
して Si 中に拡散層と呼ばれる導体っぽい部分ができます。でもゲートは不純物
を通さないのでその真下は Si のままです。

　突然、ワケの分からん呪文だらけの文章で、すっかり混乱しちゃったかしら？

　いや、細かな専門用語はどーでもいいんです。同図①がシリコンの表面近く
を横から見た図で、ゲートっていう電極の下だけ電気を通さないってことが分
かれば十分です。同図②のように、ゲートを挟んだ拡散層の間に電圧をかけて
も電流は流れません。

　ところが、同図③のようにゲートに電圧をかけると、シリコン中にちらばっ
てた自由（に動ける）電子がゲートの下に集まるなどがあって、拡散層間に電
流が流れるようになります。一方で、表面に絶縁膜があるのでゲート自体には
電圧がかかっても電流は流れません。電圧をかけたときだけ、そこは別の場

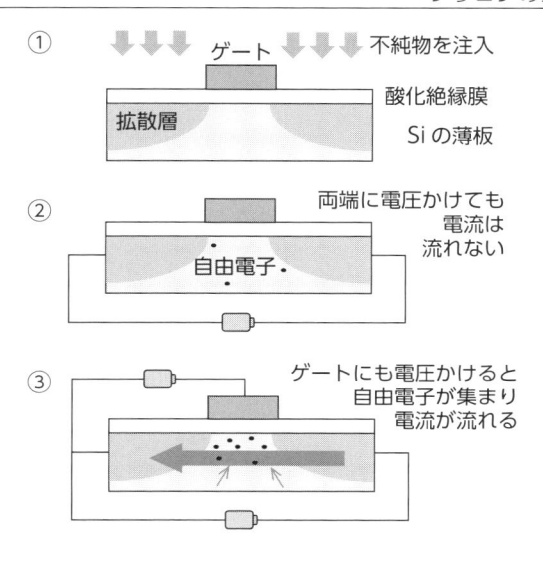

図 4.11　Si 半導体でスイッチを実現

所の電流が流れるようになる。ほーら、スイッチができましたよ！

シリコンのスイッチ

　このスイッチ動作は、シリコン表面の絶縁膜がめちゃめちゃ薄く、ゲートの幅がめちゃめちゃ細くないと起こりません。数万〜数億分の 1 m という薄さ・細さです。そのように薄く・細く作るために、シリコンの表面だけ熱処理したり、ゲート電極を付けた後で不純物を打ち込んだりするのです。先に薄く・細く作ったものを、後でうまく位置を揃えて組み立てるのは無理がありますからね。おまけにこのスイッチはより薄く・細く作るほどより小さく作れるし、より高速に動作するというメリットもあるのです。

　図 4.12 は、今度はシリコン表面を真上から見た図です。四角や線のパターンは、拡散層とゲートを作る場所や、電圧をかけたり信号を送るための配線を示しています。このパターンに従って不純物を打ち込んだり polySi やアルミなどの材料を貼り付けたりすれば、シリコン表面のあちこちにスイッチが作れるし、互いに接続することも可能です。同図では 4 つのスイッチを使って A, B 2 入力の論理回路が構成され、それが全体で数十 nm ($= 10^{-9}$ m) 角という極微小な面

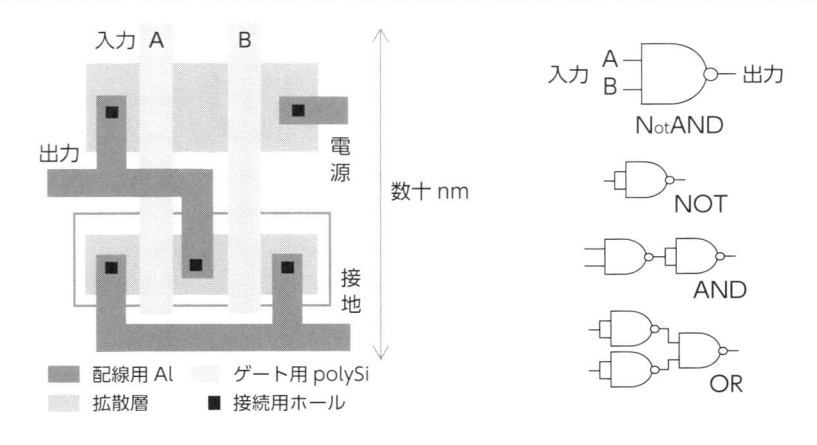

図 4.12　論理素子の回路パターン　　　図 4.13　NAND 論理素子

積に収まっていることが示されています。

　ちなみに、ここで実現されている論理回路は 2 入力の AND 論理の出力をさらに反転したものになっています。え？どこがどのスイッチになってるんだ？って疑問もあるでしょうけど、ここはちーいっとややこしいのでまぁ信じてください。AND ＋ NOT なので **NAND**（ナンド）と呼ばれ、図 4.13 のような形の論理素子で表されます。たこ＋ウズラ卵ですね（コンニャクはどこへ行った？）。なんか NOT が余計と思うかも知れませんけど、この方が回路的に実現し易いことに加えて便利な点があります。なんと NAND 1 種類だけで、AND, OR, NOT の 3 種類の論理回路を作れるんですよ。だって、2 つの入力をくっつけちゃえば AND 論理自体は意味がなくなるから、これはただの NOT になりますよね。これを NAND の先に付ければ、反転の反転は元に戻るので普通の AND になります。そして、ちょっとややこしいのですが、入力を予め反転しておくと NAND の出力は OR になるのです。あらま、ビックリですね。

コンピュータチップの製造

　ってワケで、ついに、コンピュータチップの登場！です。お待たせぇ〜。1 つのチップは数ミリ角と小さくても、NAND とかのスイッチは上述のようにめっちゃ小っこいですからねぇ。なんと数億個ものスイッチが 1 チップ上に搭載できるんですよ。スイッチがこんだけたくさんあれば、0／1 に関する大抵の操作

は実現できちゃうからコンピュータもバッチリ構成できますね。あ、実際にチップでどんな風に 0 ／ 1 を操作するかは、第 6 章で詳述しますのでもぅ少々お待ちください。

　さらに凄いのは、このスイッチ数億個が一斉同時に作れるってことです。各々のスイッチは図 4.12 に示したような各パーツのパターンさえ決めちゃえば、熱処理したり不純物打ち込んだりの製造工程はまったく同じで出来上がります。そして、パターンはある種の「印刷」のような仕組みでシリコン表面に細かな画像として転写でき、その画像に沿って加工できるのです。

　だから、スイッチをたくさん並べて**コンピュータチップ**を作る場合、それらのスイッチ間の接続も含めて、全部を一斉に製造できるんです。そのチップをさらに並べて全部を同時に作ることもできます。何億個ものスイッチから成るコンピュータが、一気に何十個も製造できるって凄いでしょ！

　図 4.14 にコンピュータチップの製造工程をまとめました。

① 　99.999 ⋯ ％ってめっちゃ超高純度な金属シリコンを、結晶軸をきれいに揃えるため超高温からゆっくり長時間かけて冷やしながら円柱状に精製し、ダイヤカッターで厚さ 1 mm ほどの薄い円盤（**ウェハ**）にスライス
② 　ウィルスレベルのホコリさえ無い超清浄環境で、直径 30 cm とかのウェハに超微細パターンを転写しては煮たり焼いたり？の製造工程を数日間
③ 　出来上がったウェハから何十個もある数ミリ角のチップを切り離し、その個々について正常に動作するか確認試験
④ 　正常だったチップに配線を付けてパッケージに収める

以上、チップが大量生産されていく様子がお分かりいただけたでしょうか。

シリコン文明

　コンピュータが発明された大昔、 1 台で価格が何十億円もして部屋いっぱいを占めるような大きさでした。それが今や、指先に乗る薄いチップで、安いものでは 1 個百円ですからねぇ。おまけに世界中で日々何百万個と作られ何でもできるって、これ使わない手はないですよねー。だから、以前は複雑な仕掛けを考えたり、やむを得ず人手で済ませたりしていたもの、それどころかごく簡単にできるようなものまで含めて、ありとあらゆるところにコンピュータチッ

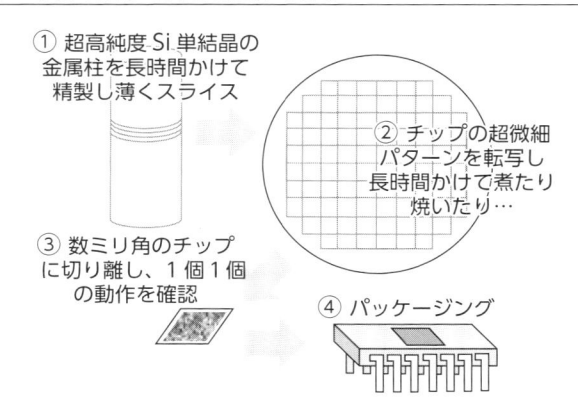

① 超高純度 Si 単結晶の
金属柱を長時間かけて
精製し薄くスライス

② チップの超微細
パターンを転写し
長時間かけて煮たり
焼いたり…

③ 数ミリ角のチップ
に切り離し、1個1個
の動作を確認

④ パッケージング

図 4.14　コンピュータチップの製造工程

プが使われるようになっちゃいました。まさに現代社会はコンピュータで成り
立っている、**シリコン文明**と言われるワケです。

　で、うなぎのぼりの需要に製造が追いつかなくなって世界中が困った事件が
2020 年辺りから起こった「**半導体不足**」です。シリコン半導体のような材料が
不足したんじゃなくって、コンピュータチップなどの製造が間に合わなかった
んだから勘違いしないでね。だったらもっと量産すればいい？　そうはいかな
いんです。チップ個々は大量生産で安くても、製造工程は1ラインに数百億円
〜1兆円以上かかるんですよ！　急には増やせないでしょ。

　おまけに技術革新は日進月歩。チップのパターンはより小さく作るほど、動作
スピードも速く、より大量のスイッチを搭載できて性能が上がります。実際に、
コンピュータの性能は2年で2倍になる（つまり 20 年で 1024 倍）なんて**ムー
アの法則**（図 4.15）があります。何の根拠もない経験則ですが、世界中でこれ
目標に技術開発してますからねー。チップの微細化がどんどんと進んで、製造技
術もどんどん難しく高度になってきてます。最先端の微細加工技術を持ちチッ
プ製造に特化した企業（**ファウンドリ・メーカー**と呼ばれます）である台湾の
TSMC 社が、Intel 社設計のチップや iPhone 用チップの製造で世界に君臨して
いることも知っておいてください。

　実は 1980 年頃、日本は世界の半導体市場の半分のシェアを握ってました。そ
れが、世界市場の大発展と微細化競争にすっかり後れをとっちゃたんですね（図
4.16）。ただ製造装置や設備に関してはまだまだ世界トップの企業も国内に多い

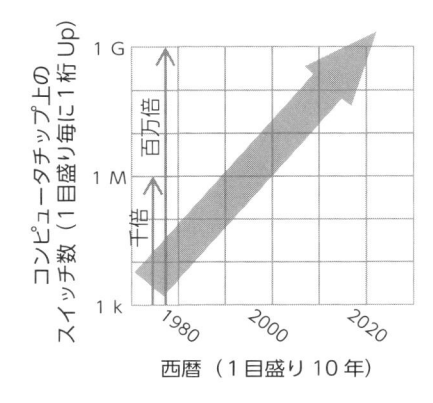

図 4.15　ムーアの法則（イメージ）

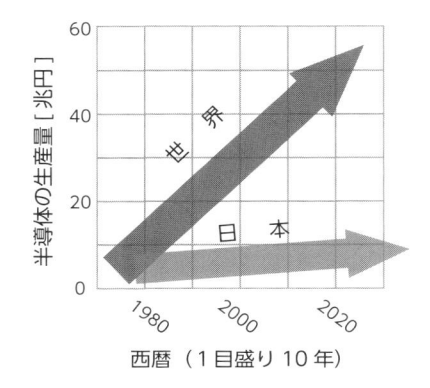

図 4.16　半導体市場（イメージ）

し、今からでも挽回はできそうです。なんせ現代はシリコン文明、半導体を制する者は世界も制す。日本政府が何兆円もかけて振興してる熱意もお分かりいただけるでしょうか。上記の TSMC 社が熊本県菊陽町に大規模半導体工場を建てた際にも日本政府が 1 兆円補助したそうですからね。おや、話がとんでもない方向へ跳んでしまいました。

　以上のように、第 4 章では 0 と 1 だけで何でも計算できる話に始まって、その計算は論理と手順でできていること、どちらもスイッチで実現できること、さらにそのスイッチがシリコン半導体で製造できること、製造の単純さから世界中で大量生産されていること、だから現代文明のいたるところでコンピュータが利用されている話まで進めました。いや～、おちゃらけ解説書かと思いきや、素晴らしい文明啓蒙書になってきましたねー。ホントか？

　ってことで、デジタル技術とコンピュータを学ぶ意欲も、ますます高まって参りましたね。次章はいよいよ現実のコンピュータ、皆さんご存じのパソコンの中身を解説しますよ。大切な機械を壊すワケにいかない律儀なアナタに代わって、パソコンを思う存分、バンラバラバラ、分解しちゃおうと思います。お、おお面白そぉ～～～おっとヨダレが。

本章のポイント

- 2 個の 0 ／ 1 に対する計算はどれも AND, OR, NOT 論理 3 種の組合せで〇 K
- どんな計算も論理と手順で構成でき、各々スイッチを使って実現できる
- 数多くのスイッチを組み合わせて、シリコン半導体で一気に製造できる
- こうしたコンピュータチップが現代文明のあらゆる場所で使われている

＊今回も色々な話があったけど、要点は単純明快だね！

章末問題

　コンピュータチップを製造する際には、超微細なパターンを転写し加工するための特殊な設備が必要です。人間が宇宙服みたいな扮装で働くこの部屋は何と呼ばれるでしょう？

選択肢 1)　ホコリ 1 つも許されない超清浄環境、**クリーンルーム**

選択肢 2)　ホコリは多いが環境には優しい近道、グリーンルート

選択肢 3)　遺伝子を勝手に操作し作っちゃ困る、クローンルール

選択肢 4)　人造人間だが大切な仲間に、クリリンのルームメイト

誰だよ…

5 パソコンの中身を見てみよう

コンピュータったらパソコンですよねぇ。日本の家庭の7割以上に普及してるそうですし、高校大学のコンピュータ室にも並んでるでしょうから、皆さんにもお馴染みかと思います。あるいは、より手軽なノートPCとかスマホ（あれもコンピュータですよ）の方が最近では身近なのかしら。こいつらの中身をバラして、どんな風な構成になってるか見ていきましょう。

要するに、コンピュータチップとメモリ

パソコンっつーと画面とにらめっこしてキーボードをカタカタのイメージが強いので、液晶画面がコンピュータ本体だと思ってる人もいるよーです。横にあった四角い箱、邪魔だから捨てといたよって無邪気な家族に悩まされた方はともかく、その箱、あるいはノートPCのキーボード下に埋まっているのがコンピュータご本尊ですよね、お間違いなく。

ノート型は薄い箱にギッチリ詰まってるからウカツにはバラせません。デスクトップ型なら横っちょにネジとかあって意外にすぐ外せますから、自宅のヤツならたまには掃除してください。開けたら綿ボコリだらけでしょうけどね。放熱のため箱の中は結構スカスカで、大抵の部品は緑色の大きな基板（**マザーボード**とか呼ばれます）に刺さってると思います（図5.1）。

それら部品の中で、一番エラそうな薄っぺらい石が第4章で説明したコンピュータチップ、もう少し控えめに同じような石が並んでるのがメモリチップ。この2種以外は液晶やキーボードなんかとの接続や電源関係の部品で、コンピュータ本来の機能と直接は関係ないんですよ。まぁ当たり前で、コンピュータ機能はできるだけ1チップにまとめちゃったワケですからね。

他にHDDやDVDなんかもありますが、実はこれらもメモリの一種です。

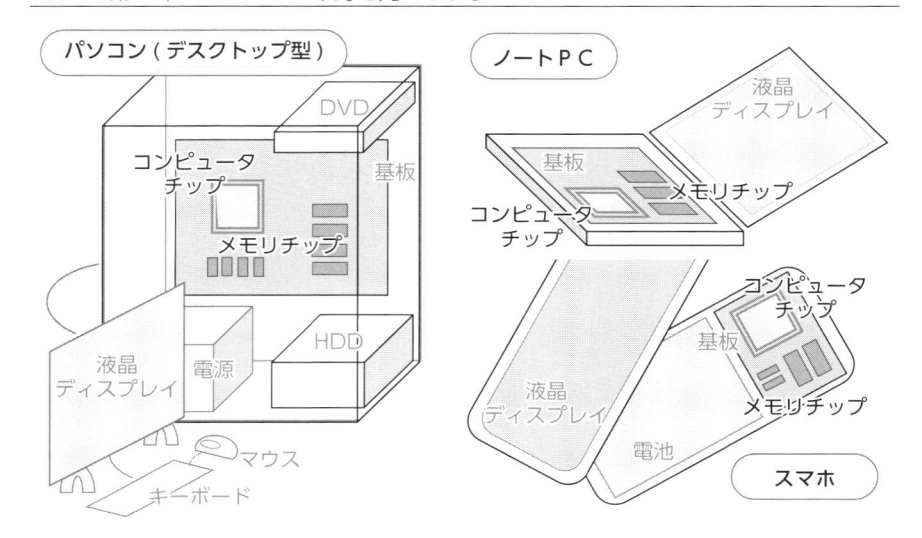

図 5.1　コンピュータの解剖図

ノート P C やスマホなんかでも事情は同じで、基本的にコンピュータチップと
メモリだけ。もっと小さな家電品だとこの 2 種のチップが 1 つにまとまってる
場合もあったりしますが、要するにこの 2 種がすべて。本章ではこれを説明し
ていきます。まずメモリから始め、コンピュータチップは最後にね。

メモリの仕組み

　メモリとは記憶装置で、0／1 のデータを保存しておく仕組みです。1 ビット
分のメモリは例えば図 5.2 に示すような形で実現できます。前章で説明したシ
リコンのスイッチをゲート信号で開け閉めし、電源からの電気をコンデンサに溜
めます。コンデンサってのは電気を溜める (condense) ため薄い絶縁体を導体で
挟んだものです。薄紙と金属箔をミルクレープ状に重ねて巻いた部品が、様々
な電気製品によく使われています。シリコンチップ上であれば酸化膜の絶縁体
を拡散層や電極で挟むことにより、スイッチ同様の小さな面積で簡単に実現で
きます。ここに電気が溜まってれば 1、無いときが 0 ですね。これ以外にも、例
えばスイッチ 6 個をややこしい形で組み合わせるなど、様々な方法で 1 ビット
分のメモリが実現できます。

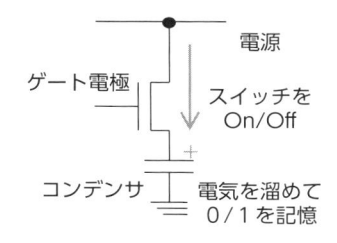

図 5.2　メモリが記憶する仕組み

　このメモリを 8 個まとめて 1 バイトのデータを記憶します。記憶容量 4 GB のメモリはこれが 40 億も用意してあるワケです。その 40 億中のどのバイトであるかを区別するため 32 bit の**番地（アドレス）**が割り振られています。$32 = 10 + 10 + 10 + 2$ ですから k → M → G と $2^2 = 4$ なので、00 ⋯ 0〜11 ⋯ 1 までのアドレスで 40 億の番地が区別できますね。どれかのアドレスを指定したとき、その番地に記憶されていた 1 バイトのデータを読み出したり、逆にデータを書き込んで記憶できるのがメモリなんです（図 5.3）。

　1 バイトで 1 文字、Unicode かな漢字だとしても 1 文字 3 バイトですから、40 億バイトったら書籍 1 万冊分にもなります。人間はそんなにたくさん憶えてられませんよねぇ？　最近のパソコンだと 4 GB どころか 16 GB とか 32 GB も積

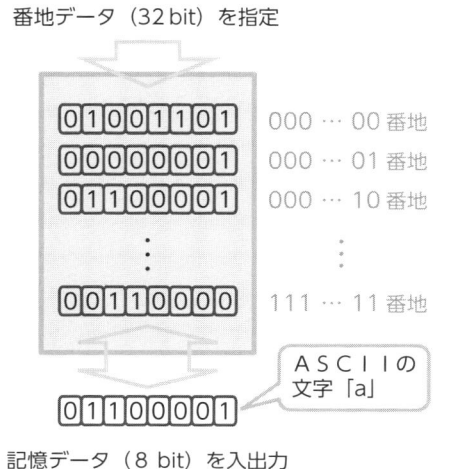

図 5.3　メモリの機能（容量 4 GB の例）

んでたりして、すんごい記憶量ですよね。

ハードディスク装置 (HDD)

　ただぁこの記憶、電源を Off すると消えてしまうんです。記憶ったって電気溜めてるだけですからね。電気なきゃスイッチも働かずコンデンサからもすぐに漏れて、きれいサッパリすっからかん。電源入れっぱ、あるいは電池で持たせるにしても心配ですよねー。

　そこで、磁気を使って電源 Off でも記憶が残るようにしたのが図 5.4 のようなハードディスク装置 (HDD、Hard Disk Drive) です。アルミの円盤（ディスク）に磁石の粉を塗って何枚か重ね、秒速百回転とかでモーター駆動 (drive) します。円盤表面上の極めて近い距離（10^{-8} m レベル）に生じた回転気流に磁気ヘッドを浮かせて、同心円状のトラックに沿って細かく磁気の N 極/S 極状態を読み書きする仕掛けです。

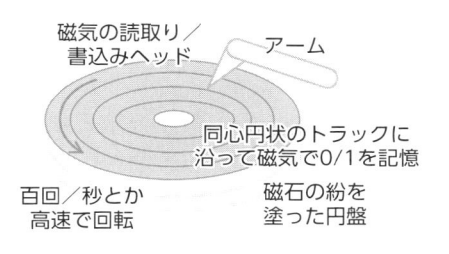

図 5.4　ＨＤＤの仕組み

　これなら電源 Off でも記憶が残るし、1 TB (= 1000 GB) 以上もの大容量が実現できます。ただし、半導体メモリほど高速では動作しないし、ちょっとした衝撃でヘッドと回転ディスクが接触しちゃって壊れ易い（乱暴に扱っちゃダメだよ）。あくまでメモリとしては「補助的な」記憶装置という位置づけです。また、記憶する単位は 1 バイトずっってな細々とではなく、数百バイト以上をまとめたデータとして「**ファイル**」単位で扱うのが普通です。

　ちなみに、なぜハードって名乗ってるかっつーと、大昔はソフト？なディスクもありました。フロッピーと言うへなへなビニールっぽい円盤を薄い 10 cm 角プラケースに入れた媒体があって、容量 1 MB しか無いなんて今どきは誰も使わなくなったなー…と思ったら、割と最近の話題で地方自治体の役場ではま

だ普通に利用されてるってことが明らかにｗｗｗ

　まぁフロッピーとか後述の USB メモリとかの媒体は、パソコンからデータを取り出して持ち運べるメリットもあったけど、今は通信速度がめっちゃ速くなったからみんなネットで送っちゃいますよねー。それでもデータを保存しときたい場合には DVD (Digital Versatile Disc) や BD (Blu-ray Disc) でしょうか。これらは磁気ではなく光学的な記憶媒体で、円盤をブン回すのは HDD と一緒だけど、レーザーで表面を焼いたり溶かし戻したりして読み書きします。詳しくはネットでも検索してくださいね。

RAM と ROM

　HDD は回転する円盤に沿って記憶内容を読み書きするので、データへのアクセスはその記憶場所が円盤上に並んでる順番に従って、ある程度まとまって（ファイル単位で）行われます。また、別の場所の記憶へのアクセスなら、それが回転して磁気ヘッドの下にやってくるまで待つ必要があります。こうしたアクセスの仕方をシーケンシャル（連続的）と呼びます。

　これに対してシリコン半導体のメモリでは、データへのアクセスはアドレスに従ってバイト単位で行われ、アドレスの順番は全く関係ありません。5 番地の次に 1 万 8 千番地、続いて百三番地とか、全くランダムなアクセスが可能です。そこで半導体メモリは **RAM**（ラム、Random Access Memory）と呼ばれています。

　一方、**ROM**（ロム、Read Only Memory）と呼ばれるメモリがあります。これも半導体メモリなのでランダムなアクセスが可能つまり RAM なのですが、なぜか「メモリには RAM と ROM がある」などと対比的に呼ばれます。ROM は「読むだけ」、書き込みができません。予め設定した不変的なデータだけを格納し、新たな書き込みができない代わりに電源 Off でも内容が消えません。

　ROM は当初は工場での製造時にスイッチを作る／作らないで 1 bit ずつ内容を設定していました。でもそれじゃ不便なので、使用開始時に 1 回だけ高電圧など使って無理に書き込む ProgramableROM が作られました。「ROM を焼く」などと言う人がいますが（いやもういないか）、これですね。

　さらに、紫外線など使って無理に消去もできる ErasablePROM とか、さらにさらに書き込みと同じく電気的に消去も可能な ElectricalEPROM…おいっ！

RAM と変わらんじゃん!!　とと、とにかく技術は進み、RAM みたいに読み書きできるけど電源 Off でもまぁまぁ消えない半導体メモリが登場しています。USB メモリとか **SSD** とか言ってるのはこれですね。RAM より遅いけど安いし、HDD より速くて壊れないし。最近のノートＰＣは HDD やめて SSD 入れるのが流行りです。立ち上がりが爆速ですからね。ちょとお高いけど（表 5.1）。

表 5.1　メモリの種類

	アクセス	読出し	書込み	電源 Off 時	値段
RAM	ランダム	高速	高速	消える	高い
ROM	ランダム	高速	(不可)	記憶	普通
HDD	シーケンシャル	低速	低速	記憶	安い
SSD	ほぼランダム	中速	中速	記憶	普通

コンピュータシステムの構成

　図 5.5 は一般的なコンピュータシステムの構成を示しています。主役は何と言ってもコンピュータチップで、**ＣＰＵ**（Central Prossesing Unit、中央処理装置）と偉そうに呼ばれています。このＣＰＵに RAM や HDD など様々なメモリが共通信号線で接続されています。色々な信号が相乗りになってるので**バス**（乗合自動車）って呼ばれてますが、最近は効率化のため速度別に信号線を分けたりしてちーとも「共通」じゃなかったりします。メモリのアドレス信号用に使うバスはアドレスバス、メモリの内容（データ）に使うバスはデータバスと呼ばれています。

　さて、コンピュータの最大の特長はその超高速性です。第４章で計算手順のタイミングについて説明したとき、数十億分の１秒って超短時間のクロック信号が使われていると紹介しました。つまり１秒に何十億回というデータ操作ができるワケで、このめちゃくちゃなスピードこそが現代文明のすべてを支えているんです。実際にＣＰＵは安いヤツは１個百円からありますが、高いのは数十万円以上もします。この値段の違いは主に速度の差で、基本的な仕組みは次

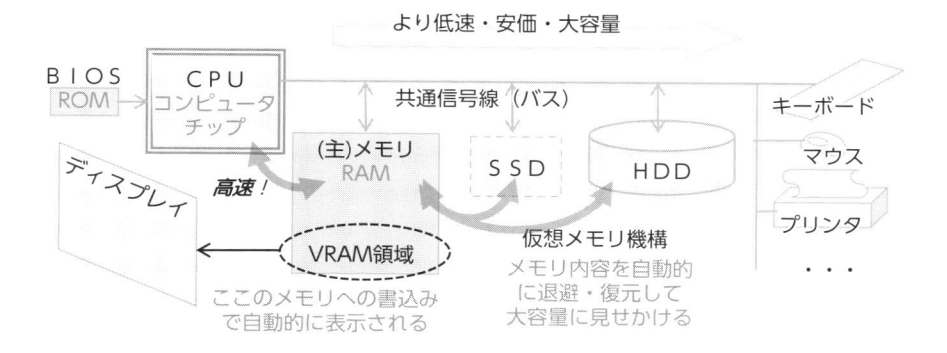

図 5.5　コンピュータシステムの構成

章で詳述するように全く同じなんですよ。速さは金ナリ。

　ですからＣＰＵにデータを供給するメモリも同様に高速な半導体メモリ、つまり RAM が一番いいワケです。本当は全部 RAM にしちゃいたいのですが、ご予算の都合があってあんまり使わないデータはお安い HDD や SSD に置いてやりくりしてるんですね。主に使うメモリ（**主メモリ**）の容量が足りないときは使ってないデータを自動で検出して、SSD/HDD にこっそり退避したり復元したりしてくれる**仮想メモリ機構**なんて仕掛けもあるくらいです。

　また、主メモリの特定の番地領域は **VRAM**（ビデオ RAM）として割り当てられています。この領域に第３章で説明した RGB 画素データを１画面分書き込むと、それが表示器（ディスプレイ）に対する映像信号として出力されるようになっています。つまり、ＣＰＵにとっては画面表示はメモリへの記憶と同様に見なせるワケですね。キーボードやマウスなんかの周辺機器との入出力もほぼ同様で、要するにコンピュータはすべて「**ＣＰＵとメモリとのやりとり**」で動いていることがお分かりいただけるかと思います。

　なお、「俺のゲームテクニックにゃ画面スピードが足りないぜ！」などとうそぶいて、VRAM に様々な高速表示機能を付けて独立させた**グラフィックボード**に大金使ってる人もいますが、ま、趣味は放っときましょ。

立ち上げ（起動）時に何が起こっているか

　まずざっくりとパソコンの動きを説明しますね。最初に電源が切ってあれば主メモリもＣＰＵもデータはすっからかん、何も残っていません。人間の寝起きと一緒でアタマはカラッポですから、目覚めの儀式としてのＣＰＵに対する立ち上げ指令は、データの消えない ROM にしっかり保存されています。電源On でＣＰＵに順次読み出されて実行されるこの指令は、**ブートストラップ**プログラム (Bootstrap Program) と呼ばれています。自分自身の靴紐を引っ張って立ち上がるってな故事に基づくそーですが、諸説あるので気になったら調べてください。再起動を**リ・ブート**とか言うのはこれですね。

　他にも、画面に文字を表示したりキーボードやマウスを扱うような基本的なプログラムは、立ち上げ当初から使えないと困るのでブートと共に ROM に入っています。まとめて **BIOS**（**バイオス**、Basic Input Output System）と呼ばれ、これを格納した ROM は最近だと書き換えも可能です。ただウカツにいじると起動しなくなりますから、良い子は安易に手出ししないでね。

　で、ブートストラッププログラムは HDD（または SSD）から**ＯＳ** (Operating System) と呼ばれるプログラムを主メモリに読み出します。ＯＳには Windowsや iOS、Android とか色々な種類がありますが、どれも同じようなもの。皆さんのマウスクリックやキーボード入力に応じてアプリなどを動かすための基本的なプログラムで、詳しくは第 10 章でお話ししますね。デカいプログラムで全部で数百 MB 以上もあり頻繁なアップデートで更新されたりしますから、ROM に固定的に入れておくワケにもいかないですよね。逆にブートプログラムは HDDからＯＳを呼んでくるだけの簡単な作りになってます。

　このＯＳやＯＳが起動するアプリなどのプログラムは、まず主メモリに記憶されてから順次ＣＰＵに読み出されて、それに従ってＣＰＵが動作します。つまり、ＣＰＵに対する指令（プログラム）は主メモリに記憶されるようなデータになっているんですよ。これって結構**重要な話**で、ＣＰＵに対する指令も、その指令によってＣＰＵが扱うデータも、同じデータとしてバイト単位で主メモリに記憶されているんです。よろしいでしょうか？

ＣＰＵの正体

　やっとやっとコンピュータチップ、ＣＰＵの中身について説明するときがやって参りました。いやー、思えば第１章から長い道のりでしたねぇ。ちょっと一服。え？じらさないで早く聞かせろ？　まぁまぁ落ち着いて。

　市販されているＣＰＵとしては Intel 社の Core シリーズ、AMD 社の Ryzen シリーズが有名で、ＰＣ自作派に尋ねれば熱い蘊蓄をたっぷりと聞かせてくれることでしょう。いやなに、マクドナルドかモスバーガーか、キノコかタケノコか、みたいな話で適当に聞き流せば十分です。他にも iPhone や iPad 用には ARM 社や Apple 社がチップを開発してますし、日本のルネサス社が百円で売ってる R8C なんてのもあります。千差万別、ピンキリですね。

　ただ、性能的には実行速度や記憶容量、一度に扱えるデータの大きさなんかに何桁もの差があったりしますが、機能的にはほとんど変わりはありません。だから、基本的な仕組みも（何度も言ってるように）ほぼ一緒。…いいですか？世界中にあふれかえっているコンピュータチップは、全部同じ作りになっているんです。それもコンピュータが発明された数十年前から現在に至るまで、さらには今後数十年も変わらないと言われています。これだけ技術革新が進む世の中で、ちょっと信じられない話ですよね。

　これはひとえに、この仕組みを考え出した**フォン・ノイマン博士**が人類史上まれにみる超々大天才だったためではありますが、同時にその仕組みが超カンタンで誰にも理解し易く製造し易かったためでもあります。まさしくシンプル・イズ・ベスト！　単純なヤツは強い。あ、ワタシのことじゃありませんよ、念のため。

　お待たせしました、ついについにＣＰＵの正体をお見せいたしましょう！図 5.6 をご覧ください。左側のＣＰＵの箱の中には**レジスタ**と呼ばれるメモリの一種がいくつか入ってて、バイト単位の０／１データを保存します。それから、このレジスタ間で足し算を行って、またレジスタに戻す**加算器**があります。ＣＰＵの外には主メモリがあって、アドレスバスの信号線に送り出された番地に基づき、そこに格納されたデータをデータバスを介してＣＰＵ内のレジスタに出し入れします。いじょう、お・し・ま・い。

　　　　ええええええええええええええええええ！！！！！！！！！
　　　たぁぁった、それだけぇえええ？？？？？？？？？？？？？

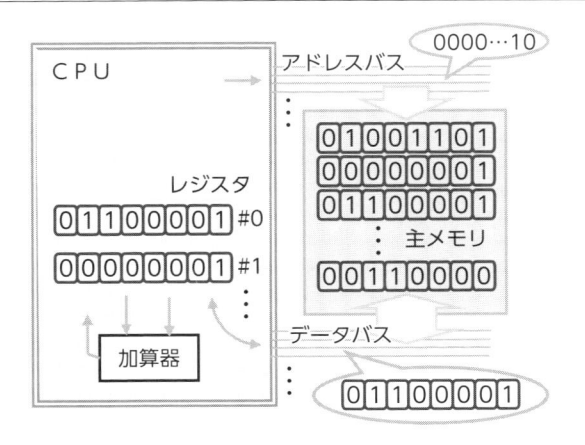

図 5.6　ＣＰＵの正体

そーなんです。たったこれだけ、超々々カンタンでしょ？コンピュータって

> 指定したある手順に従って、指定したある場所のデータを
> 取ってきて計算し、結果をまた指定したある場所にしまう

だけをやってるに過ぎないんですよ。とんでもない話だと思いませんか、もっとビックリして腰を抜かしてください！　たったそれだけなのに、計算や事務処理はおろか、ゲームをしたり、歌を歌ったり、猫を認識したり、人類を滅ぼし…とととにかく、なんでもできちゃうんですよ、凄いでしょう？

　本書は、この「衝撃の事実」を皆さんと共有するために書いたようなものなのです。いや情報系の技術者なら誰でも知ってる話なんですがね。専門家になるほど科学技術への感動が薄れちゃってるようで困ったものですが。それはさておき、そおーんな単純な仕掛けでなぜ色々なことができるか、そのヒミツは「指定したある手順」にあります。これこそが**プログラミング**なワケで、本書の後半はすべてその説明に充てていますからお楽しみに。

　おっとその前に、次章ではＣＰＵがどのようにメモリとデータをやりとりしているか、もっと具体的かつ詳細な動きをよく見ておきましょう。なんせ図 5.6 は簡単に見せかける演出上、色々と省略してある部分が…　いやいや大丈夫、ほんとにカンタンな作りなんだってばぁ！信じてね。

本章のポイント

- パソコンは要するにコンピュータチップ（ＣＰＵ）とメモリで構成される
- メモリは指定したアドレス（番地）のデータをバイト単位で入出力する
- 半導体メモリには高速動作する RAM と、電源 Off で消えない ROM がある
- 動作は遅いが大容量で消えにくい補助記憶装置（HDD, SSD など）がある
- 画面の表示は特定番地のメモリ (VRAM) への書込みで行える
- ＰＣの電源 On 時には ROM に記憶されていたブートプログラムが起動する
- ＣＰＵに対する指令（プログラム）も、メモリに記憶されるデータである
- 世界中のＣＰＵは基本的にほぼ同じ仕掛けで動き、「指定したある手順に従って、指定したある場所のデータを取ってきて計算し、結果をまた指定したある場所にしまう」だけである
- ノイマン博士は天才だ、伝記を調べてみよう（そんなこと言ったか？）

章末問題

コンピュータはＣＰＵとメモリが主役。これらを１チップに詰め込んだ廉価版から、外付けメモリを自由に増やせる高級版まで種々製造されてます。高級版には様々な高速化の仕掛けが追加されていますが、それ以外は基本的には廉価版と同じすべて「ノイマン型」と呼ばれる仕組みです。これはどんな特徴を持つでしょう？

選択肢 1)　メモリに内蔵の**プログラムによって動作を自在に変更できる**
選択肢 2)　メモリに内蔵のプログラムと関係なく固定的動作しかしない
選択肢 3)　メモリに無いぞ？オレのプログラムはどこへ行ったんだろう
選択肢 4)　目盛りには内臓の調子次第で服薬できる限界が示されている

ノイマンはとってもスゴい人、だってさー

コンピュータチップの仕組み

さぁ！それではコンピュータチップ、ＣＰＵの動きを解説しましょうね。これが分かれば世界中のコンピュータ、いや世界そのものがすべてアナタの手の中ですよ、うひゃああぁ、胸が高鳴りますねぇ、きゅんきゅん。

妄想のＣＰＵ 〜 かわいいセプン

前章でお話ししたようにＣＰＵと言っても千差万別、ピンキリです。本章ではそれらに共通する基本的な仕組みを解説するため非常にカンタンなＣＰＵを仮定して、これについて説明して行きたいと思います。Core i7 とゆー超有名ＣＰＵをもじって「**かわいいセプン**」と名付けました。…ネーミングセンスはともかく、これが理解できれば世界中のＣＰＵもほぼ同様に理解できますので安心して学習してください。もちろん完全に私の妄想の産物で、どこにも売ってませんけど必要な仕掛けはすべて入ってます。

かわいいセプンが扱えるアドレスですが、思いっきり簡単に４ビットにしました。つまり、$2^4 = 16$ 個の番地だけです。ええぇ?! いくら何でも少な過ぎだろうって声が聞こえそうですね。ふつーは 16 GB とかですから 10 億分の 1 しかないけど、アドレスなんて必要なら後でいくらでも長くできます。説明図を描くとき面倒だからねー、手抜きしました。

前章図 5.6 のＣＰＵ図をセプン版にして図 6.1 に書き直しました。アドレスバスは４本で、ここに番地 0000〜1111 のどれかが出力されます。データは１バイトないとカッコつきませんので、データバスは８本 (8 bit) です。レジスタってのは１バイトの長さのメモリですが、どんな RAM よりも速い高級品を使ってます。４個もありゃいいかなぁ。レジスタ #0, #1, #2, #3 と名付けますが、今後の説明図では手抜きして #1, #2 しか描きません。

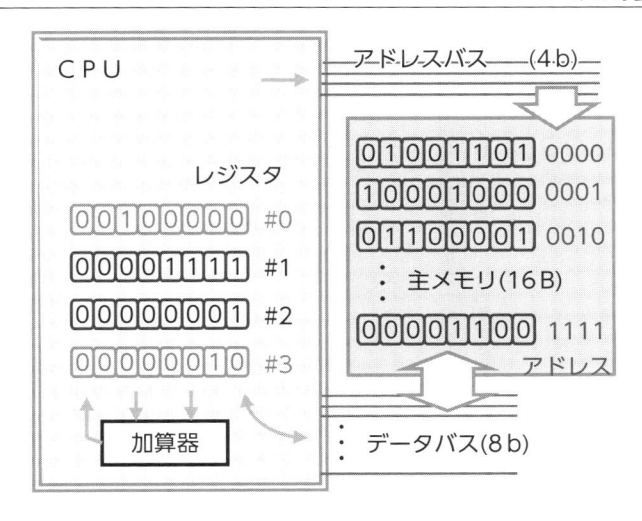

図 6.1　かわいいセプンＣＰＵ

　あと必要な仕掛けとしては加算器ですね。２つのレジスタを足すので、第４章図 4.7 のような１ビット加算器を８ビット分、桁上げも含めてつなげて用意します。実は足し算だけでなく他にも多少の機能が付いてますが、それらはまたあとでね。こんなもんで準備はいいかしら？

　さてセプンは（と言うか世界中のＣＰＵも）たぁったの**４つ！** ４種類の動作しかしません。これは手抜きじゃなくって、本当に４つで十分なんです。ビックリでしょ？　この４つの動作と、それをある手順に沿って実行するための２つのサイクル、これだけでＣＰＵはすべて理解できるんです。めっちゃカンタンですよね。では順番に説明していきましょう。

４つの動作

　４つの動作とは、1) **ロード**、2) **ストア**、3) **演算**、4) **ジャンプ**、です。この４つの動作をＣＰＵに指示するため、１バイト（＝ ８ビット）の長さの命令データを使うことにします。このとき、命令データの先頭２ビットで４つの動作のどれであるかを決めます。セプンでは（どーせ妄想ＣＰＵなので適当に）01 → 1)、10 → 2)、11 → 3)、00 → 4) とでもしましょーか。命令データの残り６ビットには、動作毎に下記のような意味を持たせてみました（図 6.2）。

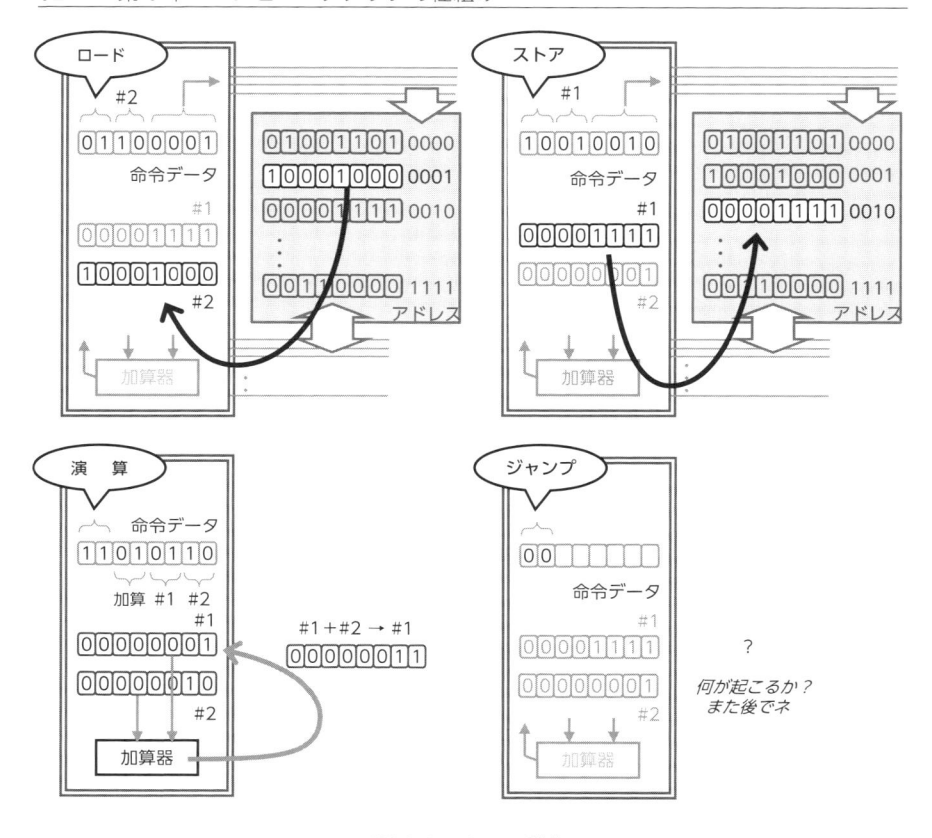

図 6.2　4 つの動作

1) **ロード**　主メモリのある番地のデータを、4 つあるレジスタのどれか
   に持ってくる動作です。命令データの残り 2 ビットでレジスタ #0〜#3
   を指定し、最後の 4 ビットで番地を表します。例えば、命令データが
   01_10_0001 ならば、最初の 01 がロードを、次の 10 がレジスタ #2 を、
   最後の 0001 が番地を表します。この命令データが与えられるとＣＰＵ
   は主メモリの 0001 番地にあるデータ 10001000 とかをレジスタ #2 にコ
   ピーします。ネットからダウン「ロード」するときの、あのロード (load)
   ですね。

2) **ストア**　ロードとは逆に、レジスタのデータを主メモリへ書き込む動作で
   す。ロードと同様、2 ビットでレジスタ、4 ビットで番地を指定します。
   例えば、命令データが 10_01_0010 ならば、最初の 10 がストアを、次の

01 がレジスタ #1 を、最後の 0010 が番地を表します。もしレジスタ #1 にデータ 00001111 とかが入っていれば、この値が主メモリの 0010 番地に記憶されます。物が格納されてる「お店」のストア (store) です。

3) **演算**　加算器には足し算以外にもちょいとした機能が付けてあり（だから加算でなく演算と呼びますが）それら演算の種類を区別するのに２ビット使います。とりあえず 01 なら加算としますけど、他にも３種の演算が指定できますね。残り４ビットは２ビットずつでレジスタを指定し、この２つのレジスタの演算の結果を最初の方のレジスタに書き込みます。

　例えば、命令データが 11_01_01_10 ならば、最初の 11 が演算を、次の 01 が演算の種類として加算を行うことを表します。最後の 01_10 はレジスタ #1 と #2 の内容を加算した結果を、再びレジスタ #1 に記憶しろの意味ですね。#1 の元の内容は消えちゃいますよ。

　もし #1 に 0000_0001、#2 に 0000_0010 が入っていれば、これは十進の 1 と 2 ですので加算結果の 3、0000_0011 が #1 に入ります。「#1 に #2 を足し込む」とか表現します。もし命令データの最後が 10_01 ならば、加算結果は #2 の方へ入ります。「#2 に #1 を足し込む」ですね。

4) **ジャンプ**　この動作は現時点ではまだ説明できません。もう少々お待ちください。命令データの先頭が 00_… なら、ロード／ストア／演算とはまた別の動作があることだけ憶えていてね。

以上の４つがセブンの（いや全世界のＣＰＵもほぼ）すべての動作なんですよ。意外に大したことはやってないでしょ？　そして、その動作のどれをやるか、ＣＰＵに指示しているのが命令データなワケですね。

２つのサイクル

　さて、この命令データですが、ＣＰＵを動作させる際にＣＰＵ内に置いておかなきゃいけませんよね。この記憶のためのレジスタが用意してあって、**命令レジスタ**と呼ばれます。じゃあ、その内容の命令データはどこから持ってくるか。実は命令データ自体も主メモリに記憶してあるんですよ。前章でパソコン起動時の話をしたとき

「CPUに対する指令も、その指令によってCPUが扱うデータも、
同じデータとしてバイト単位で主メモリに記憶されている」

って言ったの、憶えてますか。CPUの機能を固定的に作らずに、データによっ
て様々に変化できるようにした、これこそがコンピュータを万能選手として現
代に君臨させているヒミツだったのです。

　その命令データが記憶されている主メモリのアドレスが、CPUの中の**プロ
グラムレジスタ**ってとこに置かれています。コンピュータを動かす命令データ
の並びが「**プログラム**」なワケで、この名前が付いてます。そして、CPUは
このプログラムレジスタにあるアドレスに従って、主メモリから命令データを
取ってきて命令レジスタに置きます。この命令データを取って来るCPUの動
きを**命令サイクル**と呼びます（図6.3左）。

　次に、命令レジスタに取ってきたデータに従って、前述の4つの動作のどれ
かを実行します。ロード／ストア／演算／ジャンプですね。この動きが**実行サ
イクル**です（図6.3右）。この実行が終わったら、今度は次の命令データの番で
す。プログラムレジスタのアドレスは＋1され次のアドレスになっていて、再

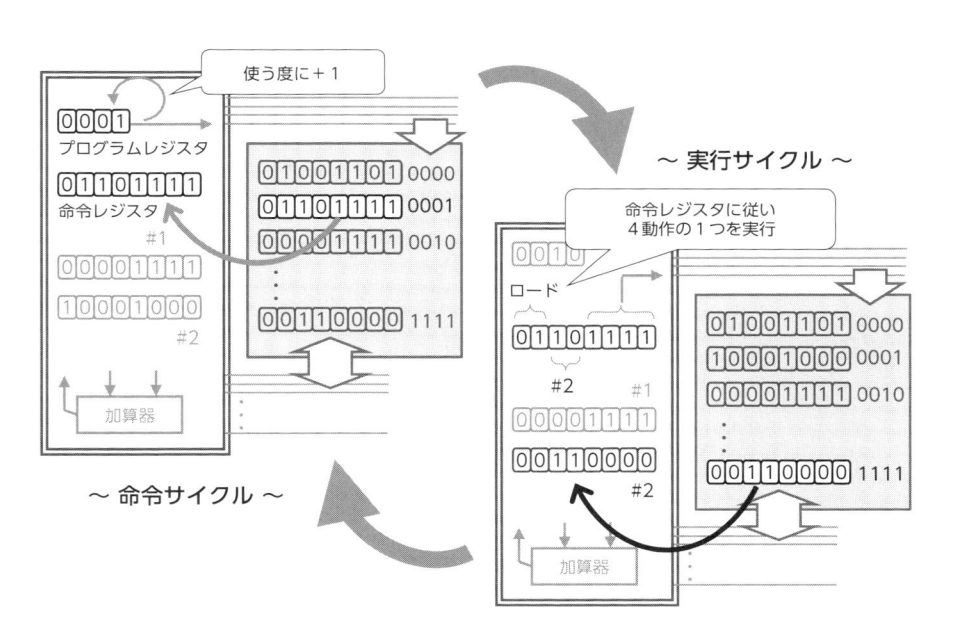

図6.3　2つのサイクル

び命令サイクルに入って次の命令データを命令レジスタに取ってきます。

　ＣＰＵはこのように２つのサイクル、命令サイクルと実行サイクルを交互に繰返していきます。プログラムレジスタはこの繰返しの度に＋１されるので、ＣＰＵは連続した番地にある命令データを次々に取ってきては実行していくワケですね。この**２つのサイクルと前述の４つの動作**がＣＰＵの動きのすべてです。どうですか、コンピュータの動く有り様がバッチリとイメージできましたか？これこそが世界のヒミツの神髄ですので、よーくよーく理解してアタマに叩き込んでくださいね。

　なお、プログラムレジスタは次々に＋１され、つまりカウントアップされていくので、**プログラムカウンタ**とも呼ばれています。また、命令サイクルで命令データを取ってくることを**フェッチ**とも呼びます。私のような古い人間はそっちで教わったので、そう呼ぶ人もいますからちょいと知っておいてください。お年寄りは大切にしましょう。

こんなんで計算できるんか？

　なんだかちーともコンピュータが動いてる、計算してる気がしないって人も多いでしょうね。もちょっと具体的な計算をＣＰＵにさせてみますかね。まずはいかにも「ザ・計算！」って感じですが、主メモリのどっかに記憶した２つの数（例えば３と１）を足して、その答え（３＋１＝４）をまた別のところに記憶させましょうか。

　例えば、番地 1000 と番地 1001 に入ってる数を足して、番地 1010 に入れてみましょう。ＣＰＵに加算器があるから簡単でしょって、あの加算器、レジスタ間の足し算しかしてくれません。答えもレジスタに入れます。だから一々メモリとレジスタでロード／ストアが必要なんですよ。こうした手順を命令データの並びとして、図 6.4 に示すように番地 0000 から順に４つ用意してみました。では、プログラムレジスタを 0000 に設定して、命令－実行サイクルをスタートさせますよ。それっ！

① 　命令サイクルで番地 0000 から命令データ 01_01_1000 を命令レジスタに持ってきます（フェッチします）。

② 　実行サイクルに移って、命令レジスタの先頭は 01 ですから、これはロー

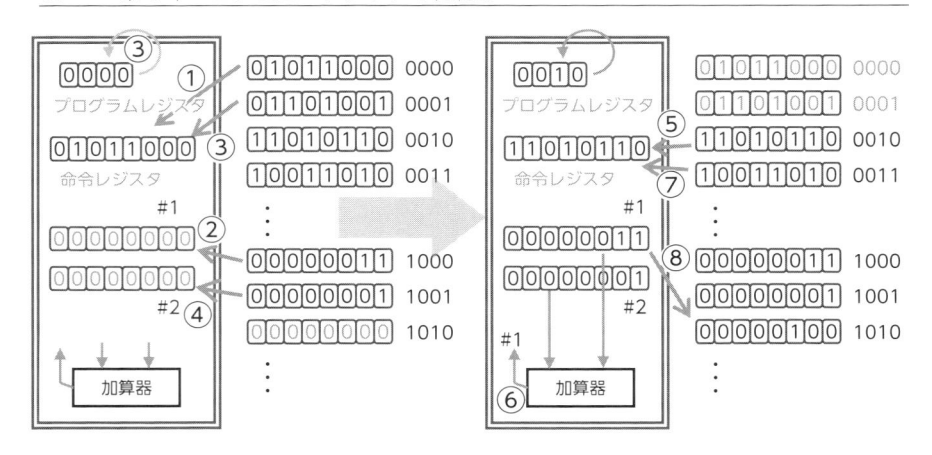

図 6.4 足し算の実行例

ドですね。次は 01 なのでレジスタ #1 を使い、最後に示された番地 1000
にあるデータ 0000_0011（十進数 3）をコピーします。

③ プログラムレジスタは＋１されて 0001 になってます。また命令サイクル
　に移って、番地 0001 から命令データ 01_10_1001 をフェッチします。

④ また実行サイクルで、今度はレジスタ #2 に番地 1001 のデータ 0000_0001
　（十進数 1）がコピーされます。

⑤ プログラムレジスタはさらに＋１されて 0010 であり、今度の命令サイク
　ルでは番地 0010 の命令 11_01_01_10 をフェッチ。

⑥ 実行サイクルでは演算の加算が選ばれ、レジスタ #1 と #2 の内容が足さ
　れて 0000_0100（十進数 4）となり、レジスタ #1 はこの値に変わります。

⑦ 命令サイクルで番地 0011 の 10_01_1010 をフェッチ。

⑧ 実行サイクルでレジスタ #1 のデータを番地 1010 にストア。

やったぁ！足し算ができたぞぉお・・・って

　　　　　　　　めめめ、めんどくせぇえええええ！！！

まぁまぁ落ち着いて、どぅどぅ。いっくら面倒でもコンピュータはちゃんと粛々
とやってくれます。人間とは違うんです。こんなに手順が煩雑になったのは、も
ちろんＣＰＵの作りを簡単にして、チップを大量生産し安くしたかったからで
す。その代わり１秒間に十億回も足し算ができちゃいますからねー。手間が面
倒でも膨大でもコンピュータは文句言いません。

　ま、足し算するだけで、こんな手順を一々指令するんじゃたまらんなぁとゆー心配は分かります。実はこういった手順は予めすっかり用意されていてアナタは単にそれを利用するだけで済みます。この辺りは本書後半のプログラミングでご紹介しますので、どうぞご安心ください。ここではＣＰＵは本当はこんなに悲惨な状況？でもめげずに健気に働いているんだよ、ってなことをお伝えしているだけです。理解できたら忘れちゃいましょう。

なんでも（順番になら）計算できる

　可哀そうなＣＰＵ君の過酷な労働環境はさておき、とにかく手間さえ惜しまなければ、何でも計算できそうな感じが分かってきましたか。足し算以外にも様々な計算が行えます。例えば、加算器には引き算の機能は付いてないのですが、ほら、第２章でやった「負の数の２の補数表現」ってのがあったでしょ、あれを…　って、すっかり忘れちゃったのかいっ！

　ひさしぶりに取り乱してしまいました。考えてみたら、本書はアナタのアタマを良くするのが目的で、要所要所で理解が進めば細かな内容なんかどんどん忘れてよかったんでしたね…それにしてもねぇ（と遠い目）。いーでしょう、もいちど説明したるわいっ!!（ってケンカ腰で ry）

　二進数の各ビットを反転し、最下位桁に１を足すと「負の数」として普通に計算に使えるんでしたよね。反転した数同士を足せば全ビットが１になるから、これに＋１すれば全部桁上げが起こってオール０。つまり、足して０になるから負の数と考えましょうというあれ、思い出しましたか。だったらそうやって作った負の数を足せば引き算ができますよね。

　この際の反転操作については、実は加算器には論理機能もコッソリと入っているので、NOT 論理をはじめ様々な論理計算が実現できます。さらに、図 4.9 のような桁ずらしの機能（シフト）もあって、掛け算・割り算も実現できるのです（付録 B 参照）。実際の手順はかなりややこしいことになりそうですが、気が遠くなるほどの手順さえかければ、どんなことでもきっとできるぜ、頑張れ！かわいいセブン!!

　…ってカンタンに騙されてはいけませんねぇ。あ、ダマしたのはオレか。そーんなね、既に決められたことを言われた通りにひたすら実行しているだけじゃ、ちっとも賢い感じしませんよ。もぉちょっとアタマを使わないとねー。つまり、

与えられた順番通りに進めるだけでなく、状況ってものをちゃんと「判断」して、それに応じて順番を変えたり違った手順でやってみる、それこそがアナタ…じゃなかった、コンピュータに期待されてたことでしたよねぇ。あれ？そんな判断機能ってＣＰＵにあったかしら???

忘れていた最後の機能…ジャンプ動作

　そこでじゃじゃじゃじゃぁあああん、お待たせ〜〜〜！　満を持して大トリの登場ですよ。先ほど説明を先送りしてました、ジャンプ動作であります。ＣＰＵ動作の４つ目、命令データの頭２ビットが 00 の場合でしたね。これこそがＣＰＵの「判断」機能を担っていたのです。

　何を判断しているか？　ズバリ、演算の結果です。加算器で行われた演算結果の二進数が正負ゼロのどれであるかを判断します。ゼロは全８ビットが０かで判断、負は最上位（最左側）ビットが１かで判断します。例の「負の数の２の補数表現」ですね。まだ忘れてないよねー。演算結果の正負ゼロに応じて各々「旗 Flag」を立てます。俗に「**フラグ**が立つ」って言うのはコレだったんですね。この正負ゼロのフラグは、加算器で次の演算が実行されるまでは保持されます。さて、改めまして（図 6.5）

4)　**ジャンプ**　命令データの先頭が 00 の場合、次の２ビットで指定されるフラグが立っているときに限り、残り４ビットをプログラムレジスタに記憶します（以前のプログラムレジスタの番地は無視して上書き）。
　　フラグの指定は、00：ゼロ、01：正、10：負、11：どの場合でも必ず。例えば命令データが 00_01_0100 であれば、最初の 00 がジャンプを、次の 01 がフラグ：正を、最後の 0100 が番地を表しています。

　もし、上の例にあるように命令データが 00_01_0100 であるとき、フラグが負やゼロであるならこのジャンプ命令は何もしません。次の命令サイクルではプログラムレジスタにある番地（いま実行されてるこのジャンプ命令の入ってた番地に＋１されたもの）から、（何事もなかったように）次の命令データを命令レジスタに取ってきます。手順に変更はありません。

　しかし、正フラグが立っていればジャンプ命令の条件が満たされて、プログラムレジスタには別の番地（この場合は 0100）がセットされます。次の命令サ

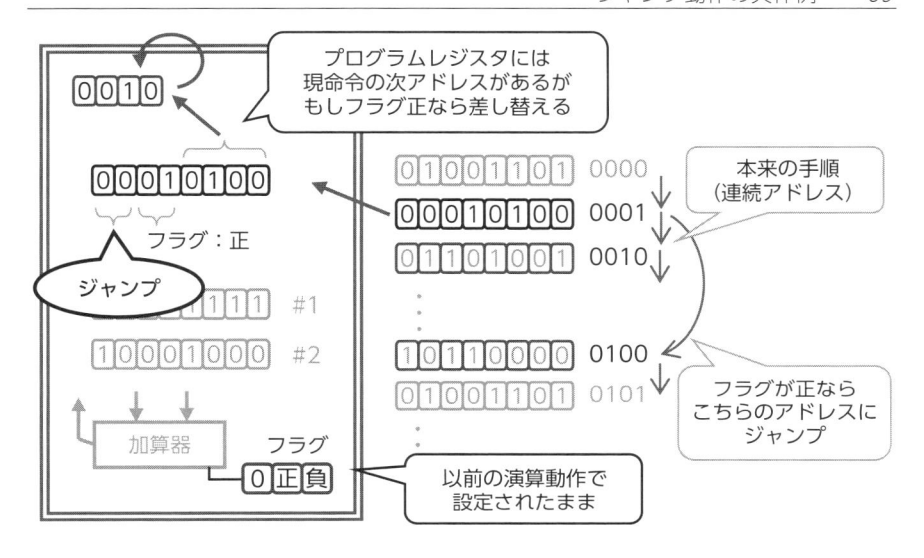

図 6.5 ジャンプ動作

イクルではこの番地から命令データを取ってきますから、それまで次々と実行されていた手順は、他の番地の手順に移る（ジャンプする）ことになります。この仕掛けによって、何かのデータ（の正負ゼロ）に応じて実行手順を変えるという「判断」の機能が実現されるワケですね。いやぁ～、うまくできてるなぁ（って感想が持てたら偉い）。

ジャンプ動作の具体例

　まだジャンプ動作の凄さを実感できないアナタに、判断を含む具体例を紹介しましょう。番地 1000 に入ってる成績データが百点満点で 60 点以上かどうか判断（イヤな例だねー）して、合格マーク「*」を番地 1010 にストアするなんて応用はどうですか。番地 1001 には（面倒なので予め）−60 を 2 の補数で作っておき、「*」の ASCII コードも番地 1011 に用意します。

　図 6.6 は番地 0000～0010 の命令データによって、レジスタ #1 にロードした成績データからレジスタ #2 にロードした −60 を使って 60 を引いた（実際には負の数を足した）ところです。例のように成績が 58 点（びっみょ～）なら負のフラグが立ちます。番地 0011 のジャンプ動作は条件が満たされて、次の命令サ

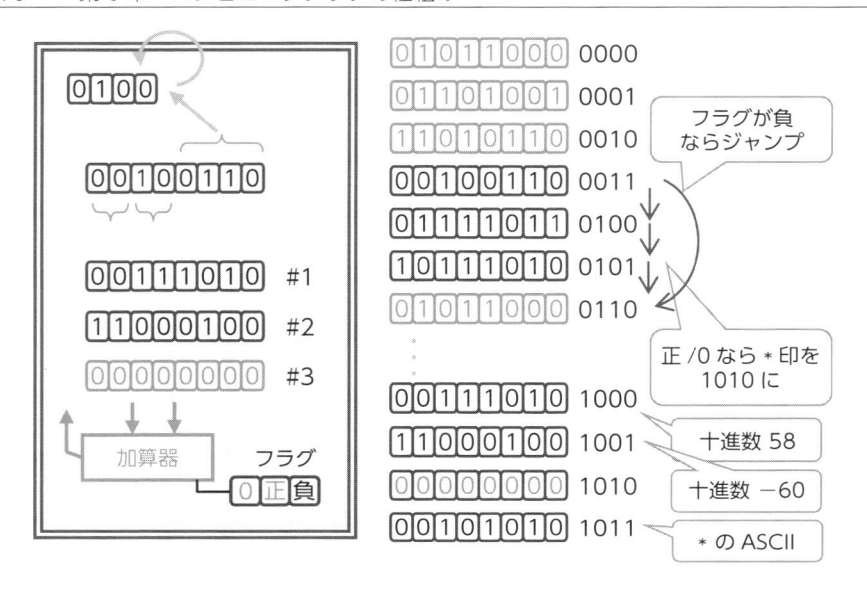

図 6.6 ジャンプ動作による判断の例

イクルは番地 0110 からになります。一方でフラグが正か 0 なら、番地 0100、0101 と順当に実行されて、レジスタ #3 を介して「*」が番地 1010 に書き込まれます。

　つまり、成績が 60 点未満だと引き算が負になって、「*」の書き込みを行う 2 ステップが跳び越されてしまうワケですね。ちょおっと手順がややこしかったかな。でも個々の動作は単純なので、あとはじっくり 1 ステップずつ地道に追いかけられるかどうかだけです。がんばってねー。

　ジャンプ動作はこのように、何かの判断に基づいてある手順をやったりやらなかったりできます。さらに、**色々なデータに応じて異なった処理**をすることも実現できるでしょう。また、ジャンプ先をもっと前の番地にして手順を後戻りすれば、**同じ手順を何度も繰返す**こともできるのです。これらは、用意された手順を黙々と行うだけだったコンピュータに飛躍的な能力を与えました。だって、言われた通りじゃなくって**自分で判断**して違うこともやっちゃうってことですよ、あのコンピュータが。…な、なんかパンドラの箱を開けてしまった予感は、単に気のせいだとよいのですが。

いまこそ、世界はアナタの手の中に

　以上が、かわいいセプン、いやアナタの身の回りにある世界中のＣＰＵの仕掛けのすべてでした。ついにデジタル社会の最高機密を知ってしまいましたねー。もちろんもっと高級なＣＰＵであれば、他にも様々の便利な機能が付いてます。でも、それらはセプンだって面倒な手間さえかければ何とか実現できる場合がほとんどです。だから、世界のコンピュータのすべて、現代文明のすべては既にアナタの手の中にあるのです。もぉなんだって思うがままにできちゃうんだよーーー

　…ってな全能感はまぁったく降りて来ませんねぇ。そりゃあ当たり前で、ＣＰＵの動き方は分かっても実際にどう動かすの？ってことです。そこでぇいよいよ本書の後半、「指定したある手順」の作り方 ― プログラミングの学習に突入ですよ。準備はよろしいですか？　あ、ちょっと一休みしてね。

本章のポイント

- ＣＰＵは４つの動作と２つのサイクルで動く
- ４動作とは、レジスタとメモリ間のデータ入出力であるロード／ストア、レジスタ間の演算、演算結果のフラグを判断するジャンプである
- プログラムレジスタが示すアドレスから命令データを命令レジスタに持ってくる命令サイクルと、その命令データに従って４動作を実行する実行サイクルが交互に行われる
- プログラムレジスタは実行サイクルの度に＋１されるので、連続した番地にある命令データが次々に持って来られて実行される
- 加算器で行われる加算／論理／シフトなどの演算結果により正負ゼロのフラグが設定され、次の演算まで保持される
- フラグを判断してプログラムレジスタを変えるジャンプ動作によって、命令データの手順を変更することができる

　　　　　　　　　　　　　　　　　…うーむ、*実にうまくできているものだ*

● ● ● ● ● ● ● ● ● ● ● **章末問題** ● ● ● ● ● ● ● ● ● ●

　ＤＮＡの遺伝子情報はＧ，Ａ，Ｃ，Ｔの4種の塩基だけで構成されているそうですが、ＣＰＵも4種の動作だけで実行されているとは驚きですねぇ。ロード、ストア、演算ともうひとつ、何でしたっけ？

　　選択肢1）　連続した番地の順次実行から跳び出す、**ジャンプ**
　　選択肢2）　コミック誌の売り上げで抜き返す、チャンピオン
　　選択肢3）　学習についていけなくなって逃げ出す、ドロップ
　　選択肢4）　追い込まれたらやけっぱちの瞬間移動だ、ルーラ

おーい！どこへ行く？

空欄夢（ブランク）　簡単かしらクァンタム

　今のゲーム世代の方々には、コンピュータが作り出した三次元画像がヌルヌルと滑らかに動き回って当然でしょうが、ひと昔前には考えられなかったほどの高性能ですよ。ギザギザのドット絵がカクカク動くっても分かりませんよね。お年寄りに「インベーダーゲーム」の神話でもお聞きください。

　さて、このような美しい絵を描くコンピュータグラフィックスでは、画面上の仮想物体の位置を計算するための「掛け算」を短時間で膨大な回数行う必要があります。第6章の「かわいいセブン」では加減算しか説明しませんでしたが、もちろん掛け算の機能もあります。加算器で実行する演算で「シフト」という種類があり、レジスタにある 8 bit のデータを 1 bit ずつ左右にズラすことができます。例えば十進数 123 は左に 1 桁ズラせば 1230 と十倍になるように、二進数を左に 1 bit ズラせば 2 倍になります。これと加算を組み合わせれば図 4.9 のように掛け算が実行できますよね。右に 1 bit ズラせば 1/2 になって割り算ができます。

　ただ、小数点付きの数値（実数）は図 2.3 のような複雑な形式をしていますから、ここから二進数を再構成し加算とシフトを駆使して掛け算を行うとなると、数百回規模の動作が必要になります。いくらコンピュータが速く動くと言ってもさすがに時間がかかり過ぎです。そこで、8 バイト（64 bit）とか大きな実数同士の掛け算でも一瞬で行える**乗算回路**が開発されました。これはチップの何割かの面積を占めるほどの巨大な回路になります。かわいいセブン以外のもっとマシなＣＰＵであれば普通は乗算回路を備えていて、掛け算を一命令で行う機械語も用意されています。

　それでも、高精細な大画面を煌びやかに彩るような超高級？なゲームにはスピードが足らないのです。そこで乗算回路を中心として、画像などの大量のデータを高速で処理する専用のチップ **ＧＰＵ**（Graphics Processing Unit）が登場しました。初めはコアなゲームマニア向けの製品だったのですが、その高い計算能力がスーパーコンピュータに使われたりして急速に発展しています。そして現在、世界を変えると大ブレーク中の生成 AI への利用が期待され、ＧＰＵの製造会社 NVIDIA の株価がとんでもなく高騰する騒ぎとなりました。株価総額が Microsoft を抜いて世界一になりそうとかいうのですから凄いですよね。たかがゲームといって侮れない時代です。

　さらに今、このＧＰＵですら比較にならないほどの超々高速なコンピュータが提案されています。**量子（クァンタム）**コンピュータと言って、現状のノイマン方式とは全く異なる計算原理に基づいて、特定の計算を数兆倍！以上のスピードで実現できる…そうですが、まだ原理確認の実験が始まったところです。ただ、世界中で結構な予算をつぎ込んでますので、何年後かにはきっと実用化されるでしょう。量子重ね合わせとかゆー物理現象を利用した量子ビットによって、従来の 1 bit に無理やり数兆倍の情報を詰め込むとか聞きます。詳しい計算原理が知りたい？　いやーこれはさすがに私もよく分からんですねー。りょーしようもない、なんつって。

第 III 部

コンピュータを動かす黒幕：
プログラミング

本書前半は、デジタル化により 0／1 だけ扱えばよくなったコンピュータがいかに簡単な仕掛けになったか、と言う主にハードウェア（硬い物、現実にある物体）のお話でした。後半はがらっと変わってソフトウェア（軟らかな物、思考上の産物）のお話になります。第 III 部では「プログラミング」というコンピュータを動かすための手順について解説します。コンピュータの仕掛けを簡単にしちゃったシワ寄せがプログラミングをとんでもなく厄介な…あ、いやコッチの話です。大丈夫、たぶん大丈夫。

7 プログラムを書くための言語

　前章で紹介したように、コンピュータに対する指令書が**プログラム**、それを作ることが**プログラミング**でしたね。コンピュータにやらせたいことをどうやってプログラミングするかは、次章以降で詳しくお話しします。本章ではプログラムなるシロモノが、どんな言葉でどのように書かれているか見ていきましょう。おっと、もう実物をお見せしましたよね。

　前章の図 6.4 で主メモリの 0000 番地〜0011 番地に入ってる命令データ、4行の並びがプログラムの例です。改めて図 7.1(1) に書き直しました。これらを順番にＣＰＵで実行すると、1000 番地に入っている数値と 1001 番地の数値が足されて 1010 番地に記憶される…って、もう記憶の彼方でしょうか、命令データのアタマが 01 って何だっけ？ですよねー。

機械語からアセンブラ言語へ

　こーゆー 0／1 で表された命令データはコンピュータだけが分かればいい言葉ですので「**機械語**」と呼ばれます。でも人間には不親切ですからもっと分かり易い言葉が考えられていて、これが「**アセンブラ言語**」です。語源の assemble は「組み立てる」と言う意味ですね。同図 (2) に示すようにロードなら 01 ではなく LD、ストアなら ST とか、すぐに分かる記号になってます。レジスタ番号も #1, #2 みたいに分かり易くしてあります。

　こーゆーアセンブラ言語で書かれた命令は、0／1 だけの命令より人間には理解し易いので実際にプログラムを書く（プログラミングする）ことが易しくなります。でもＣＰＵで動くのは機械語だけですから、結局それを 0／1 の命令データに変換しなきゃいけません。例えば、LD #1 1000 とあったら、ロードなら先頭の 2 ビットは 01 で、レジスタ番号 #1 は次の 2 ビットを 01 にして…とか対応

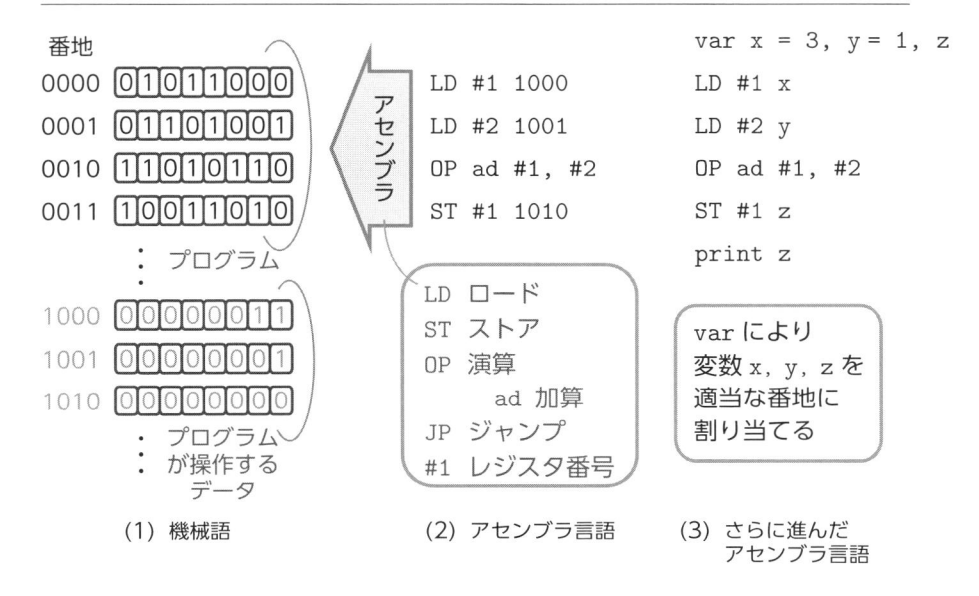

図 7.1　機械語とアセンブラ言語

させて、最終的に 01_01_1000 という機械語に変えるワケです。

　もちろんこんなカッタるいことを人間様がやる必要はありません。どうせ間違えるし。この変換のための特別なプログラムがＣＰＵ毎に作られていて**アセンブラ**と呼ばれます。そのアセンブラで機械語に変換される言葉だからアセンブラ言語と呼ぶワケです。

　プログラムについてはまだ詳しく分からなくっても、LD とかの記号を判断して 01 などのデータに変えるのは、ロード／ストア／演算／ジャンプの動作を積み上げていけばできそうですよね。入力データが 「LD」であることは ASCII データ「L」と「D」を各々入力から引き算してゼロになるかで判断できるし、そしたら 01 をセットする命令にジャンプして…みたいに何となく動作を想像できるんじゃないでしょうか。

　実際のアセンブラは数百行以上の膨大なプログラムになります。いや、もう誰か先輩が作っちゃってますから、皆さんは利用するだけですよ、ご心配なく。もちろんこんな長いプログラムは、16 個の番地しか扱えない我らが「かわいいセプン」では動かせません。もっと真っ当なコンピュータで動かして変換し、その結果の（「**アセンブルした**」とか言う）０／１の機械語、たった４行をセプン

のメモリに設定し動かすことになります。

アセンブラ自体への命令

　このとき足し算対象の数値を入れる番地 1000 とか 1001 とかは、別にどの番地でも構わないですよね。どっか適当に空いている番地を割り振ってくれて、さらにそんなデータの場所に x や y とかの名前を付けて使えたら便利です。こういう場所は、値を色々と変えて使うので「**変数**」と呼ばれています。ついでにデータの初期値として 3 や 1 も設定したいですよね。

　こんな風に変数を用意するのが図 7.1(3) に示す var x=3，… です。var は変数を variable と呼ぶので私が適当に付けた名前です。そもそもかわいいセプンだって架空のＣＰＵでしたよね。とにかくこんな感じの命令があって、アセンブラが機械語に変換する際に適当なメモリの番地を割り当て、初期値もセットしてくれます。これは LD や ST のような「ＣＰＵで動く機械語に変換される命令」とは違って、アセンブラという変換用のプログラムに対する命令（お願い？）なんですよ。

　また、最後にある print z というのは、足し算の結果である変数 z の中身をどこかに表示（**プリント**）してねという命令です。あいにくセプンには液晶も何も付いてませんので、数字とかの表示には無理があります。代わりに最終番地 1111 の 8 ビットの 0／1 を LED かなんかでピカピカ光らせることにしましょうか。その場合は、変数 z の内容をロード／ストアで 1111 番地に書き直す的な命令を、print z の代わりに機械語に変換して並べることになります。

　上記のように var とかのアセンブラ自体への命令は別として、基本的にはアセンブラ言語はＣＰＵで動く機械語に 1 対 1 に変換されます。機械語だと 0／1 だけで分かりにくいから、人間用に記号化したのがアセンブラ言語だと理解してください。参考までに、前章の図 6.6 に示したプログラムを先ほどのセプン用アセンブラ言語で書くと図 7.2 のような感じになります。アセンブラ言語によるプログラムが何となく分かっていただけたかしらぁ？

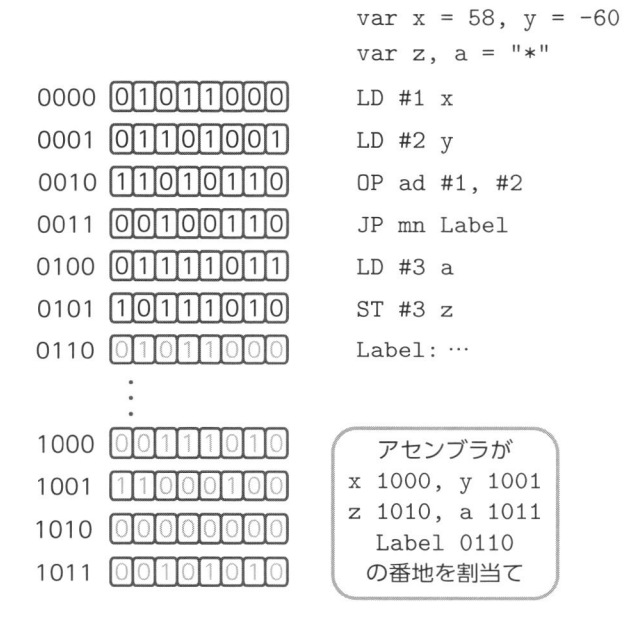

```
                          var x = 58, y = -60
                          var z, a = "*"
0000 01011000            LD #1 x
0001 01101001            LD #2 y
0010 11010110            OP ad #1, #2
0011 00100110            JP mn Label
0100 01111011            LD #3 a
0101 10111010            ST #3 z
0110 01011000            Label: …
          ⋮
1000 00111010            ┌─────────────────┐
1001 11000100            │ アセンブラが      │
1010 00000000            │ x 1000, y 1001  │
1011 00101010            │ z 1010, a 1011  │
                         │   Label 0110    │
                         │ の番地を割当て    │
                         └─────────────────┘
```

図 7.2　アセンブラ言語の例（図 6.6 の場合）

アセンブラ言語からコンパイラ言語へ

　って長々と説明しておいて、いまさらこんなこと言うと怒られそうですが、実はアセンブラ言語でプログラムを書くことなんてほとんどありません。ひゃあぶたないでー、私が悪かった勘弁してぇ。だってさー、世界中には何百種類ってＣＰＵがあるんですよ。それらは基本的には同じ作りだって話をしてきたんだけど、あくまで「基本的には」って話。へなちょこなかわいいセブンと違って、動作は４種類以外にもそれらを組み合わせた複雑な命令が何十種類もあったり、機械語自体や処理するデータの長さも１バイトどころか８バイトもの長さのものまであったり（$8 \times 8 = $ **64 bitCPU** とか呼ばれたり）しています。当然、機械語はＣＰＵ毎に全然異なってるから、アセンブラ言語もＣＰＵによって別々なワケです（図 7.3）。

　だから、それらのＣＰＵを設計・開発するような人が動作を試験するとか、極限までの動作スピードを要求するような場合は別として、違うＣＰＵを使う度

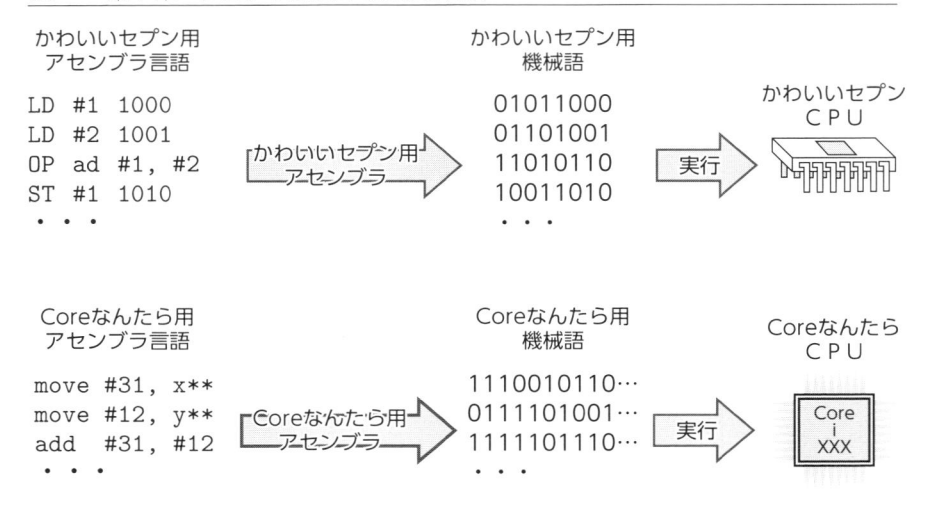

図 7.3 アセンブラ言語はＣＰＵにより異なる

に一々違うアセンブラ言語を憶えるんじゃ面倒じゃないスか。それにそもそも x + y をzって変数に入れるのに、ロード／ストアしたり適当なレジスタを選んだり大変過ぎるでしょ？

そこで、「**コンパイラ言語**」ってのが考え出されました。compile ってのは翻訳する／編集するって意味です。例えば z = x + y と書きさえすれば、適当な番地に x，y，z の変数を用意し、それらの番地からデータを適当なレジスタにロードしたり演算したりして結果を z にストアする、そういった機械語の並びに自動で変換してくれれば便利ですよね。その変換用のプログラムが開発され、**コンパイラ**と呼ばれています。コンパイラで機械語に変換される言葉だからコンパイラ言語なワケですね（図 7.4）。

コンパイラ自体は各ＣＰＵ用の機械語に変換しないといけないので、ＣＰＵ毎に別々に作らないといけません。でも「コンパイラ言語」の方は書き方を統一できるので、人間はそちらだけ憶えればいいから楽ですね。コンパイラはアセンブラ以上に膨大なプログラムですが、誰か先輩が作ってくれてますからちゃっかり利用しましょう。

で、コンパイラ言語が１つに統一されていれば…何の苦労もなかったワケですけど、まぁご想像の通りです。第２章で述べたように文字コードが未だ Unicode だけになってない現状を思い出してください。「こーゆー書き方が便利だ」「い

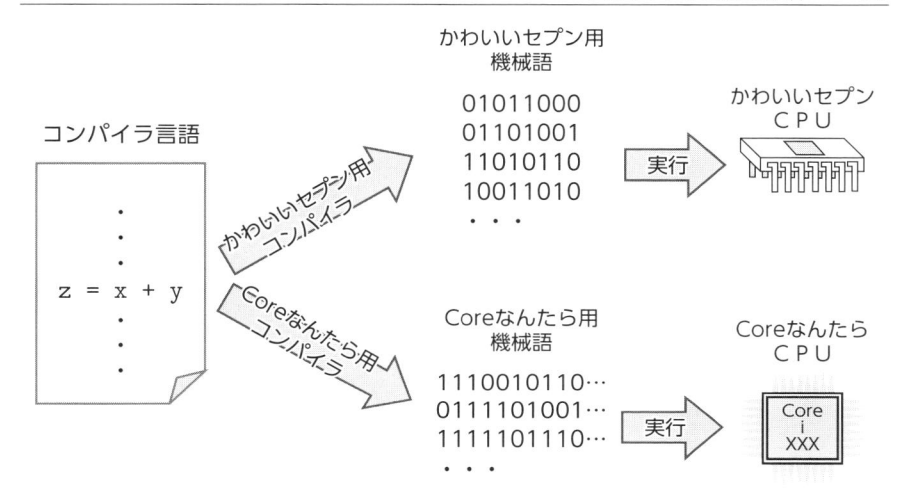

図 7.4　コンパイラ言語はＣＰＵが異なっても統一できる

やこう書く方が美しい」とかって、何種類〜何十種類ものコンパイラ言語が提案されました。みんな「オレ様の言語が一番だ」って我がままだからねー。キノコだってタケノコだっていいじゃん、とか思ったり。

　初期には科学技術計算用には Fortran、事務処理用には COBOL とかの言語が流行ってたんですが、1970 年代に「**Ｃ言語**」ってのが大ブレークしました。もちろん天下統一とはならずに無数の亜流や反対勢力？も生み出して、現代のプログラミング言語は百花繚乱・百鬼夜行の状態です。うへぇ。

コンパイラ言語の正体

　じゃあどの言語を勉強したらいいのかって、皆さんの悩みが深くなるワケですが、ジツを言えばどの言語だろうと大差ないんです、いやホント。違う言語ったって日本語と英語ほど異なりゃしない、大阪弁か名古屋弁か程度です。まさにキノコ語／タケノコ語の違い。

　そりゃあね、各言語には各々の良さがあって魅力的な機能や特性にあふれていますよ。でもね、結局はコンパイルして機械語にしなきゃいけない。ＣＰＵで動くのはロード／ストア／演算／ジャンプの４動作でしかないんだから、これら４動作をどうやってコンパイラ言語として「自然な感じ」で書けるように

見せかけるかがすべてです。

　そこで本書では大胆にも、どのコンパイラ言語にも共通する基本的な書き方を、以下のたった **4つ**！（また 4 つだ…）にまとめてみました。これらさえ理解できれば、後は個別のコンパイラ言語毎に具体的にどんな「言い回し」になるか憶えるだけで済むんですよ。これならカンタンですよね。

書き方 (1)　データの用意：　アセンブラで説明した var の類です。変数としてメモリの番地を割り当て、初期値とかセットする場合の書き方です。ただし、データの大きさを何バイトにするか、数値を入れるのか／文字記号を扱うのかなど（まとめて「**データ型**」と呼びます）は、事細かに指定しておく必要があります。

書き方 (2)　変数への代入計算：　変数や数値をごちゃごちゃと使って何かの計算をし結果を何かの変数にしまう（「**代入**」と呼びます）操作を指定するための書き方です。これを適当なロード／ストア／演算の組に自動的に変換するワケですね。この際、書き方 (1) で指定したデータ型に合わせて効率よく計算できるように最適化したりします。

書き方 (3)　条件によるジャンプ：　第 6 章で説明したようにＣＰＵは命令／実行サイクルにより連続した番地に並んだ手順を次々に実行します。でもジャンプ動作でその手順を変更できましたよね。いま実行中の番地より先へジャンプする場合は「ある条件のときだけ行う手順」を指定できます。また、以前の番地にジャンプする場合は「ある条件の下で繰返す手順」が指定できます。

書き方 (4)　結果の表示など：　アセンブラで説明した print の類です。プログラムで色々と計算した結果を液晶とかの画面に出すの、意外に面倒なんですよ。だって、変数に入ってる二進数を十進数に直したり、画面のどの辺りにどんな大きさで、とかね。そこで奇特な先輩が頑張って長い長ーいプログラムを書いてくれました。皆さんはそれをちゃっかり利用すればＯＫ。

　以上のようにコンパイラ言語で書くプログラムは、(1) データを用意して、(2) 色々と計算をし、それらを適当に判断しながら、(3) いくつか手順を跳び越したり繰返したりして、(4) 最終的な結果を表示する、というのが基本的な形になります。というか、こういう形でないとコンパイラがロード／ストア／演算／

ジャンプに変換できませんからね。こう書くっきゃないワケですよ。何度も言うようにＣＰＵは４動作しかできないんだからぁ〜。

　もちろん、Ｃ言語に限らず様々なコンパイラ言語には、上記以外にも色々とたくさんの便利な機能が満載されてます。でもそうした機能は結局 (4) と同様に、先輩方が (1)〜(3) を駆使して機能を実現するプログラムを書いてくれたから使えるんです。逆に言えば、先輩に頼らなくても頑張りさえすればすべてを (1)〜(3) で実現できるんです。誰もやらんだろーけど。

　要するに、包丁の使い方や煮炊きを憶えれば誰でも料理はできるけど、芋の皮むきから始めなくても出来合いの総菜は買って来れる。ただ、料理が何なのか分からなきゃ美味い総菜は選べないよねー、ですね。違うか。

コンパイラ言語からインタプリタ言語へ

　群雄割拠とは言え、コンパイラ言語の王国たちは永く繁栄を続けました。しかし時代の変化はいつのまにか足元に忍び寄っていたのです。図 4.15 のムーアの法則を思い出してください。コンピュータのスピードが千倍〜百万倍と速くなってるんですよ。その上に乗っている「言語」が太平無事でいられるハズがありません。

　今から振り返ればとんでもなく遅くメモリも少なかった当時のコンピュータでは、１クロックでも速く１バイトでも少ないメモリで動くように様々な工夫が必要でした。コンパイラも、書き方 (1) でギリギリまでケチったデータを使い、書き方 (2) の計算が最も効率よくできるように、無駄なくガッチガチに最適化した手順を固めて機械語に変換してました。

　今でも「スピード命」な応用、ロケットを飛ばすとか、膨大なデータを処理するとかではコンパイラ言語が活躍してます。でも人間相手の仕事でそこまで高速化したって、どーせ人間の反応が追いつきゃしません。コンピュータのお値段も暴落して、エリート科学者秘蔵のワザモノではなく一般大衆が日常使いする小道具に成り下がってます。プログラムも研ぎ澄まされた芸術作品ではなく、単なるレシピのメモ書きレベルになってきました。

　そーなると、書き方 (1) で事細かにデータ型を指定するのも面倒です。そんなものは簡単化／省略しちゃって、書き方 (2) を実現する際に個々の変数に入っているのはどんなデータなのかノンビリと確かめながら、その代わりどんなデー

タだろうと融通を効かせて柔軟に処理する動きが求められるようになったんですよ。こうした言語は**インタプリタ言語**と呼ばれます。いま巷で人気絶頂のPython, Ruby, JavaScript などです。ちなみに本書では、次章以降で主にこの**Python**（パイソン）について説明します。やれやれ、やっと本命に辿り着きました。

インタプリタ言語の正体

　インタプリタとは「通訳」の意味です。コンパイラ言語では、人間が書いたプログラムを事前に機械語に「翻訳」してから保存し、それをＣＰＵで動かします。一方でインタプリタ言語の場合は、人間が書いたプログラムはそのままの形で保存されていて、動かす際に**インタプリタ**というプログラムがその場でプログラムを解釈し、書かれている指示に沿ってＣＰＵを動かす形になります。だから「通訳」と呼ばれるんですね（図 7.5）。

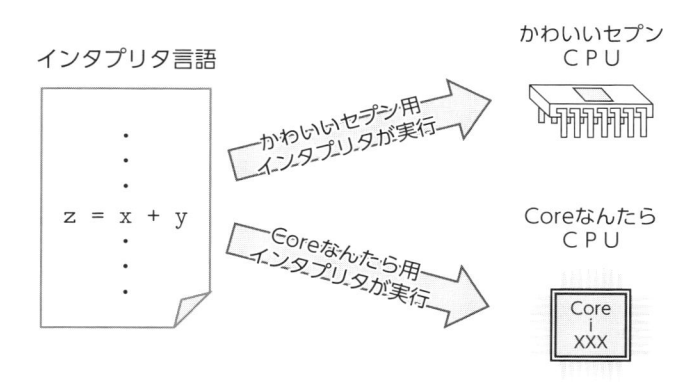

図 7.5　インタプリタ言語は事前には機械語に変換しない

　予め機械語に変換しておく必要がないので、プログラムを色々と書き換えながら試すには便利です。もちろん機械語に変換する手間が実行の際に一々必要ですので、同じ動作を繰返すような場合は特に、実行スピードがめちゃくちゃ遅くなります。でも今のコンピュータは十分に速いので、実用上で問題になることはほとんどありません。さらに、動かす寸前に必要に応じてちょっと効率的な形に変換しちゃう「プリコンパイル」や「部分コンパイル」なんてテクニッ

クも導入されてます。その意味で、最近はインタプリタ言語という呼び方も廃れてきているようです。(じゃあ何て呼ぶんだ？　LightWeightLanguage 軽量言語って呼び方が私は好きだったけど、流行らなかったなー。)

　これらの言語では、機械語に変換するためのデータ型を決めておかなくても、実行時に実際のデータ型をインタプリタが確認して、そのデータ型に合わせてくれるような柔軟な処理が可能です。したがって、プログラムを書く際の書き方 (1) は簡単だったり省略可だったりします。でも書き方 (2)(3) はほとんどコンパイラ言語と変わりがなく、そりゃ実行されるときはロード／ストア／演算／ジャンプなんだから当たり前ですね。その代わりインタプリタがプログラムの解釈を結構頑張って、アレコレと気を利かした動きをするワケです。さらに、書き方 (4) については結果の表示以外にも様々なサポート体制、手厚いプログラムが揃ってます。

　ですから、まず Python とかのインタプリタ言語から学習を始めれば

- 書き方 (1) の面倒くささが少ない
- 書き方 (2)(3) を憶えれば、コンパイラ言語にも応用できる
- 書き方 (4) を利用して、実用的なプログラムが作り易い

などのメリットが期待できます。どうです？　次章以降で Python を学習するモチベが爆上がりでしょ？

　以上のように、プログラミングのための言語は様々な紆余曲折を経て多様な発展を遂げ、現在では多くの言語が提案されています。ただ、どの言語もその本質には余り大差ありません。最終的にＣＰＵで動かすためには、ロード／ストア／演算／ジャンプの動きに沿った形にせざるを得ませんし、また一方で、できるだけ人間が書き易くなるような方向で様々なサポートも充実して来ています。プログラミングで作るべきプログラムというものの概要が何とかイメージできてきたでしょうか。次章からはいよいよそのプログラムを作り始めてみたいと思います。

本章のポイント

- 前章で説明した０／１による命令データの並びを機械語と呼ぶ
- 機械語を人間に分かり易く記号化したものをアセンブラ言語と呼ぶ
- ＣＰＵに実行させたい操作を予め決められた形で書けば、これを適当

な機械語の並びに事前に翻訳してくれるものをコンパイラ言語と呼ぶ

- 上記の「決められた形」とは主に、(1) データの用意、(2) 色々な計算、(3) 手順の跳び越し／繰返し、(4) 結果の表示、の４種である
- 事前に機械語に変換せず、人間が書いた形を実行時に解釈してＣＰＵを動かすものをインタプリタ言語と呼ぶ
- インタプリタ言語は一般にコンパイラ言語より実行速度が遅いが、現在の高速なコンピュータでは大半の応用で実用上の問題は生じない
- どんな言語でプログラムを書いたとしても、最終的にＣＰＵで動くのはロード／ストア／演算／ジャンプの機械語である

● ● ● ● ● ● ● ● ●　章 末 問 題　● ● ● ● ● ● ● ● ●

　プログラムを書くための言語は数多く提案されています。これらのうち例えば BASIC や Python などの、書いたプログラムを予め変換せずにすぐ実行できる言語は、コンピュータが高速化した現代では十分な実用性があり人気を博しています。これら言語は総称して何言語と呼ばれているでしょう？

　　選択肢 1)　実行時の柔軟な解釈に助けられる **インタプリタ**

　　選択肢 2)　事前のデータ準備が事細かくて 疲労コンパイら

　　選択肢 3)　ＣＰＵにストレートな気持ちを伝える 斡旋ラブ

　　選択肢 4)　こんな０／１だらけじゃ誰も読めないぞ 奇怪語

くくく、苦しぃ・・・

プログラミング
〜 初歩のもっと手前

　ついについにプログラミングが始まるぞ！っと意気込んでいる方には申し訳ないのですが、始める前に大切な大切なお話があります。なぜ世の中には「プログラミングに挫折する人」がいるかです。もしアナタが既にプログラミングをどこかで少しでも学習し、もぉ面白くって楽しくってたまんない！と感じているなら、本章の特に前半は読み飛ばして構いません。でも初めて学習する人、かつて挫折した人、何とかやってるが苦痛を感じている人には、おそらく参考になると思っています。しばしお付き合いください。

なぜプログラミングできないか？

　大学で 20 年以上も様々な学生さんにプログラミングを教えてきました。大学にはいろんな意味で多様性に富んだ学生さんが多いのですが、根っからの文系なのにプログラミングの面白さに魅せられてしまう人もいれば、情報と名の付く学科に入学しながらプログラミングが苦手な理系人もいます。あまりにも人によって違いがあるため、私なりにその原因を色々と考察して参りました。皆さんの勉強不足や根性不備を疑う気は…正直無いワケではないのですが、そんなことを説教しても事態は何も改善されないことはイヤというほど思い知っています。ここでは、もしかしたら皆さんの学習に役立ちそうな以下の 3 つの仮説についてお話ししたいと思います。

　1)　プログラミングはちーとも「簡単」ではない件
　2)　襲い来る「エラーメッセージ」に心が折れる件
　3)　プログラムをどう作ればよいか思いつけない件

簡単ではないプログラミング学習

　YouTube とか見ると「猫でも分かるプログラミング」とか「これ見るだけで誰でもプログラマー」なぁーんて動画が目白押しです。ちょいと習うだけで小銭が稼げるようになるってウワサもよく聞きますし、小学生向けのプログラミング教室まであるようです。誰でも「簡単に」身に着けられるんだな、と思い込んでも不思議はありません。

　ネットで「簡単だよ」と言ってる人にたぶん悪意はないんでしょう。私自身もそんな言い方をしてしまうことがあります。「その人にとっては」確かにカンタンなことなんです。「え？どこが難しいの、必要な操作を必要な順番でプログラムに書くだけだよ？」

　私はロクに泳げません。人間は水に浮くんだから手足を動かせば進むんだよって言われてもねぇ。キャッチボールも下手くそです。ボール掴んで投げるだけじゃん？　はぁ…。英語もちっとも話せるようにならないし、大昔お習字をやったことがあっても自分で書いた字が判読不能だったりします。

　何かのスキルを習うとき、それが簡単なのかは全く個人次第です。大半の人には適しているハズの学習法が、その人には全く合わない場合もよくあります。普通の子供は見様見真似で自転車に乗れるようになるんでしょうけど、大学物理で慣性モーメントの原理を勉強するまで乗れなかった私のような人間も…いや、それはさすがに特殊例過ぎるか、ははは。

　本書の前半ではコンピュータの仕組みが「簡単」だという話を散々してきましたが、それはたった 4 つの動作と 2 つのサイクルという、構成要素の数が少ない意味でしかありません。それら要素が絡まりあった CPU としての動きを理解するには、皆さんもそれなりにアタマを使って苦労されたかと思います。そ

うやって、アタマの使い方を訓練するのが本書の目的でもありましたしね。いくら仕組みが簡単でも、それを理解し使い方を学ぶのは簡単とは限りません。

　ですから、プログラミングを学び始めて、ちっとも分からない、全然上達しないと感じても、すぐに諦めたり嫌になったりしないでほしいんです。隣の人がなんかスイスイできてるようでも、たまたまその人の感覚と合っていたか、学習法がその人に適していただけです。うまくいかないアナタの能力が低いワケでも才能が無いワケでもありません。卑屈になったり落ち込んだりする必要は全くないんです。

　そもそもプログラミング能力は、実はかなり特殊な能力です。字が書けるからと言って誰もが文豪や人気作家になれないのと同様、プログラミングを学んだ全員が凄腕プログラマーになれるハズはありません。ただ現代では、凄腕の先輩方の貴重な遺産が誰でも「簡単に」利用できる環境が整って来ています。さらに、最終章でお話しするように最新 AI 技術が、アナタのプログラミングを全面的に助けてくれると期待されてます。

　そんな便利な時代に、それでも最低限、プログラミングがどんなものか分かってなきゃ技術を利用しようが無いじゃないですか。折角の名作を引用しようにも、字も書けない、文章も分からないんじゃ困りますよね。多少時間はかかっても、ある程度のレベルまでは皆さんにプログラミングを理解してほしいと思います。最低限の努力で最大限の効果！　ただし、その「最低限」は甘々なアナタの予想よりはもうちょっと大変ですけどね。

怒涛のエラーメッセージ攻撃

　と、例によってすっかりダマされちゃったアナタが意欲満々でプログラミングを始めたときに、襲ってくるのが膨大なエラーメッセージです。「プログラムが 1 行しかないのに、なぜ 10 個以上のエラーが…」「直しても直してもエラーが減らない、それどころか増えてる！」「もう心が折れました」等々の阿鼻叫喚が起こります。教室の日常的風景です。

　昭和生まれ昭和育ちの老人は、喧騒に満ちた怒鳴り合いの日々を過ごしてきて感覚がマヒしてますので誰に罵倒されようが無視できる、ってかそもそも気づきもしません。それに比べてコンプラな現代は大変に暮らし易くなったようですが、繊細純真な若人たちは大層傷つき易くなってるように見受けます。何

度ものエラーに疲弊して、すっかり自分を否定された気分なのでしょうか。まるで就活の際に話題になってる例の「お祈りメール」と同じで、簡単にダメージを受けちゃってるようですね。

　でもね、それは大変な勘違いなんです。エラーメッセージは皆さんの過ちを糾弾する告発状ではありません。あれは実は「悲鳴」なんです。「そんなプログラムをやれって言われてもボクわかんないよーーー！」って泣き叫んでいるんですよ、幼気なコンピュータ坊やが。

　本書前半でコンピュータの仕組みをバッチリ理解された皆さんは、ＣＰＵが単にロード／ストア／演算／ジャンプしか実行できない、原始的な仕掛けに過ぎないとお判りでしょう。そんな幼稚園児並みのコンピュータに、知ってる以外の言葉をかけたって分かるワケ無いじゃないですか。多少言い間違っても勝手に推測してくれる大人とは違うんですから。

　いきなり「スーパー行って今夜のおかず買って来て」ったって、「スーパーって？」「どう行くの？」「今夜？」「おかず？」…疑問の嵐です。「なんだタカラ屋さんならそう言ってよ」「靴は履くの？ドアは開けるの？」「夕飯ならボク知ってるけど」…ちゃんと相手の分かってる言葉で、行動できる用語で懇切丁寧に説明しないといけませんよね。

　ですから、「あれぇ？分からなかったぁ？こー言えば分かるかな、あと何に困ってるのかな」って、何度でも分かるまで根気よく親切に、相手がどう困ってるか推理しながら言い聞かせてあげてください。一緒になって泣き叫んだって解決しないし、まして子供相手に「ちっとも思い通りに動いてくれない」なんて大人げなく怒ったってしょーがないでしょ？　頼みましたよ！

言われた通り書くのはプログラミングではない

　まぁ大量のエラーに悩まされるのは初心者段階までで、タイピングさえ間違わずに打てるよう注意すれば、やがては与えられたプログラムを動かせるようになるでしょう。でも、そこで先生が突然言うのです。「じゃあこの問題を解くプログラムを作ってくださいね」　え？作る？？？ボクが？　『どど、どーやって作るんスか？』　「それはキミが考えないとね」　『えええ！考えろってボクわかんないよーーー！』今度はオマエが幼稚園児かよ、と突っ込まれるワケですな。

　あの先生はちっともプログラムを教えてくれないなんて文句言う人もいて困るんですけど、言われた通りのプログラムを打ち込んで動かしたって、それはタイピングの練習であってプログラミングではありません。どんなプログラムを作ったら要求された答えを出すようにコンピュータが動くか、それを考えるのがプログラミングなんですよ！

　たぶん今の学校教育は非常に「洗練」されてしまっていて、こーゆー問題はこの解き方で、これならこの解き方で…って、効率の良い解き方ばかりを教えちゃってる気がします。だから、たくさんの解き方や答えをいっぱい憶えている人が偉くて、そりゃすぐ答えが出せるのは便利だけど、知らない問題に当たったら「知らないから解けません」で止まっちゃう。

　いいですか？　世の中の問題なんて、誰も解き方が分かってないものがほとんどです。どんどん新しい問題も生まれてます。ある解き方を憶えるのは、それをヒントにして新しい解き方を生み出すためです。新しい解き方をどう考え出すかという「解き方の発明法」なんて誰も知りません。解き方を問題に適用する度に、なぜそれで解けるのか、どんなアレンジができるか、色々と工夫したり試行錯誤しながら自分なりの解き方を作り出せるよう考えていく、それが本当の学習なんですよ。料理を教わろうって人間が、レトルト食品ばっか買っ

て来てどうしようって言うんですか。

　もちろん誰もがプロの料理人になれるワケじゃないですが、家庭料理で自分なりの味付けを工夫することはできるはずです。色々と試しながら思い通りの動きに近づけるのがプログラミングの面白さですよ。ネットで出来合いのプログラムを探したって仕方ないでしょ。最初は変な動き、間違った答えを出したっていいじゃないですか。失敗を恐れず自分であれこれ変えてみて経験値を上げていく、そんなプログラミングの魅力に一人でも多く気づいてほしいと願っています。まぁお説教はこれくらいで。

改めて、プログラミングを始めよう！

　たーいへーん永らくお待たせいたしましたー、ついにプログラミングの第一歩を踏み出しましょう。ドキドキしますね。まずは、とにかく私の言う通りに行動してください。パソコンの Chrome とか MS Edge とかのブラウザ（ウェブを見るアプリ）で以下のサイトを開いてください。

　　　`https://paiza.io/ja/projects/new?language=python3`
サイトアドレス (URL) を打つのが面倒なら「paiza.io python3」で検索してもいいです。最後に 3 を付けるのをお忘れなく。図 8.1 の画面が出てきたら①のところに以下をタイプ入力します。

　　　`print(1+2)`
3 行目の頭から余計な空白など入れずにスペルにも注意して、入力モードが「かな漢字」になって**いないこと**もよく確認してタイプします。1・2 行目に薄く何か書いてありますが、気にしないでください。アルファベットは全部**小文字**ですよ。大文字／小文字に無頓着な人がいますが、きっちり区別してください。それも含め 1 文字たりとも違ってはいけません。

　タイプが終わったら、②をクリックすると③に緑で Success（成功）と表示されて、④に出力タブが現れ、1+2 の計算結果 3 が表示されます。

　　　　　おめでとぉおおおおおおおおお！！！！！！
やりましたね。プログラミング初体験、大成功です。

　え？③に赤くエラーと表示されて、④に実行時エラーのタブが出現した？この段階で早くもエラーメッセージを出すとはアナタも中々大物ですねぇ。上記の「3 行目の頭・・・いけません」までをもう一度よくよく確認してくださ

図 8.1　paiza のサイト

い。本当に**間違いはない**ですか？　再度②をクリックしましょう。

本当に実行しましたか？

　上記を実行したほとんどの方は成功したハズですが、たとえエラーが出たとしても先ほどお話しした通り落胆する必要はありません。この段階のエラーはプログラミングとは全く関係の無い原因で起こっています。そんなことでプログラミングに苦手意識を持たないように、上記の事細かな注意書きを用意したんですよ。

　ただ「想定の範囲外」には対処できませんので、すみません、エラーから抜け出せない方はちょっとでもプログラミングを習った人に相談してください。たぶん「マウスの電池切れ」とかの、どーでもいい些細な原因だと思います。何度も言いますが、アナタのプログラミング能力とは無関係です。必ず成功できますのでどうか諦めないでくださいね。

　問題は「**実行しない人**」です。上記のお試し操作は 5 分、どんなに多く見積もっても 15 分もあればできます。近くにパソコンが無ければスマホだって何とかなります。なぜ実行しないのでしょう？　時間がない？　じゃあ時間を作って実行してからこの本の続き読んでください。でもぉ〜って、一体どれだけ見

苦しい言い訳をするつもりなんでしょうか！（怒）

　プログラミングとはコンピュータを動かすためのスキルです。本書を含め幾百の書籍を読もうと、幾千の動画を見ようと、実際に手を動かさなければ絶対に！絶対に！学べません。英文をいくら読んでも喋らなければ英会話になりませんし、水泳の極意を憶えても水に入らない人は泳げません。次章では様々なプログラムを解説しますが、すべてアナタが実際にそれらを動かしながら読み進めることを前提としています。

　本書は書籍である以上、実際の行動を強制することはできません。指一本動かすことなく、本だけ読んで分かった気になるのはその人の勝手です。ただ、折角ここまで無理してお付き合い頂いてきた勉強熱心さが、みすみす無駄になってしまうことが本当に本当に悔しいだけです。うぅうっうっ…（泣）ちょっと被害妄想になってしまいました。もちろんほとんどの方々はきちんと実行いただけたことでしょう。気を取り直して先へ進めます。

プログラミング実行環境

　上記で Python プログラムを動かしてみたサイトは、プログラミング学習事業などを展開する paiza 株式会社さん[1]が一般向けに公開している paiza.IO[2] というオンラインプログラミング実行環境です。会員として課金すればそれなりのサービスが受けられますが、無料でも十分な機能が利用できます。同様なサイトはいくつか存在しますが、会員登録なしでいきなり利用でき、面倒な操作とかが一切ない点など、初心者が試すには最適なサイトだと思います。

　ここにはプログラミング言語が Python3 以外にも 30 種類くらい用意されていて、色々と試したい浮気性の方にもお勧めです。ちなみに Python2 という言語も使えるのですが、そちらは旧版なので間違えないように。サイトの左上の「Python**3**」の表示をいつも確認してください。

　なぜこういったサイトを利用するかと言うと、通常はプログラミングを行うときの「お膳立て」が非常に面倒だからです。例えば手元のパソコンで Python を動かそうとすると、Python のインタプリタを始めプログラム作成用のエディタや実行用の端末エミュレータなど、様々なアプリをすべて取り揃え操作する

---

[1] https://paiza.co.jp/
[2] https://paiza.io/

必要があります。個々の操作を憶えるのも大変だし、トラブルがあったときに何が原因かの判別も難しいです。

　その点、paizaのような統合的な実行環境は面倒な部分をすべてサイト側でカバーしてくれます。アナタは単にサイトを開いて、ちょこちょこっとプログラムを打ち込み実行ボタンを押すだけ。トラブルはプログラミングに関してのエラーメッセージだけに抑えられていますから、余計なことに悩まされる心配はありません。便利、便利。

　ただし、これは「補助輪」ですのでいずれは外す必要があります。とは言え、少なくとも初級段階を習得し終わるまではここでの学習で十分ですし、実際の応用に使えないこともありません。やがて中級段階に進む頃には、自分で実行環境を整えられるくらいには知識が付いてると思います。それに、実は最近はプロのプログラマーさんもこうした統合開発環境（paizaの高級版みたいなの）を仕事で使ってます。慣れといて損はないでしょう。

エラーメッセージに慣れる

　さて、最初に出会うエラーですがほとんどはタイプミスです。皆さんは普段は人間相手にしか文章を打ったことがないから、コンピュータに対しては一字一句たりとも間違いが許されないことが中々納得できません。「え？このカンマがピリオドの打ち間違えって、そんなの分かるじゃん？」分かりません。相手は幼稚園児ですよ！思い出しましょう。

　さらに困ったことに、「ここタイプミスですか？」どころか「ここが変ですけど」さえ言ってくれません。ミスのある文を勝手にめちゃくちゃ変な風に解釈して、ワケの分からんエラーメッセージを返してきます。なんせ悲鳴ですからね、あんまりまともに取り合わない方がいいです。「何行目にエラー」とかの場所情報は大事ですが、それさえも行数を数え間違えてる場合があります。前の行の解釈を間違って次の行がおかしいとか言うことは多いですから、前後の行にも注意を払ってください。

　そうそう、エラーメッセージは英語なので見た瞬間に顔を背ける人も多いのですが、いやいや、そんな難しい英語じゃないですよ。いくつか特徴的な単語があってエラー発見のヒントになるので、英文を無理に訳さなくていいですから眺めるくらいはしてくださいね。ヒントに気づく勘を養うために、事前に意

図的にエラーを出してメッセージをよく観察しておくことをお勧めします。例えば先ほどの

```
print(1+2)
```

が成功した後で、この 10 文字を順に 1 文字ずつ削ってどんなエラーになるか見てみましょう。アタマの p 抜いて rint(… とか、 2 番目の r 抜いて pint(… とかみたいにして順に試すワケです。カッコを削るとちょっと違ったエラーになるね、みたいな感覚が掴めれば〇Kです。今後も折に触れてこうした手間をかけておくと、その後のエラー発見が早くなりますよ。

かな漢字に注意

　タイプミスで多いのが「かな漢字」です。Python では（というか普通のプログラミング言語ではどれでも）プログラム中に「かな漢字」文字があるとすべてエラーになります。プログラムは必ず ASCII コード（表 2.1 憶えてますかぁ？）でないとダメなんです。もちろんデータとして「かな漢字」を扱うことはできます。ダブルクォーテーション (”) 2 個で囲ってあれば、その間は単なるデータということですから、そこに「かな漢字」が書いてあってもプログラム的には無視されて問題は起きません。

　ですので初心者には「かな漢字は使っちゃダメ」と言い聞かせるのですが、データを画面に表示できると知るとすぐ ”やっほ〜” とか出したがって困ります。かな漢字を使うのはいいのですが、その後でかな漢字モードから戻すのを忘れて、「”」や「)」をかな漢字で打っちゃってたちまちエラー。

　そーなんですよ、第 2 章の「文字コードの注意点」で言ったように ASCII コードと重複する文字（「”」や「)」）がかな漢字に含まれてるんです。もう忘れちゃったでしょうけど、半角／全角とかゆーあれ。人間には同じに見えてもコンピュータにとっては違う文字ですから、使っちゃダメなんです。ASCII のスペースと全角のスペースなんて区別できませんよねー。

　これで躓く初心者が異常に多いのでここで注意しました。Python の場合はデータ以外の部分にかな漢字があると、エラーメッセージのどこかに

```
invalid character
```

つまり「不正な文字」って出ますから憶えておいてください。ついでに

```
invalid syntax
```

と出たら「不正な書き方 (syntax)」のことで、式が途中で切れてるとか、必要なカンマが入ってないとかですね。

　なお、ASCII コードの # があった場合、ここから後ろのその行には何を書いてもプログラム的には無視されますから、メモ書き（**コメント**）として利用できます。paiza のサイトを開くと１・２行目に自動で現れる

　　# *coding: utf-8*

　　# *Your code here!*

とゆーのは、プログラムは UTF-8 形式の Unicode（第２章で説明しましたよ）で書いているよ、アナタはここにプログラムを書いてね、のメモです。この２行は消しちゃっても構いません。こうしたコメントにはかな漢字が使えるんですけど、ほらまた ASCII のモードに戻し忘れて…やれやれです。

ASCII コードの嫌われ者「¥」

　じゃあ、かな漢字を使わず ASCII コードだけ使ってりゃ大丈夫かってーと１つだけ困った文字があるんですよ。皆さんのキーボードの右上の方に ¥ ってキーがありますか？　これはかな漢字モードではないとき出てくる半角文字ですから ASCII コードのはずなんですが、なんと表 2.1 に載ってない！

　実は ¥ の ASCII コードは 0101_1100 なんです。表 2.1 ではこの位置にはバックスラッシュという左上から右下への斜線があります。通常よく使われる斜線は左下から右上の斜線（スラッシュ）で、これとは左右が逆の文字です。欧米では主にこのバックスラッシュが使われていますが、日本語の環境だと大体が ¥ という表示になってしまいます。両者はコンピュータにとっては完全に同じ文字で、システムがどちらか一方の字形を表示するようになっています。同時に両方を表示することはできません。ちなみに paiza のサイトではバックスラッシュが表示され、¥ は出てきません。

　この文字が値段の表示くらいに使われるだけだったら良かったのですが、どのプログラミング言語でも非常に重要な意味を持たせていて、プログラミング関係の書籍／資料では頻繁に現れます。出てきたらあぁ同じ文字だなと思えばいいだけなんですけど、初心者は「¥ が打てません」とか騒ぐワケですよ。さらに紛らわしいことに、かな漢字では全角の￥も＼も用意されていて、これらは ¥ とは全く別の文字です。本当にやれやれですね。

やっと準備運動が終わりました

　皆さんも本当にお疲れさまでした。本章では説教っぽい話に始まって、その後もなんかどーでもよさそーなツマラナイ話ばかりでした。これらはプログラミングとはほとんど無関係ですが、初心者の多くが非常に躓き易い箇所です。こんな本質とかけ離れた下らない障壁のために、プログラミングに適性がないと感じたりイヤになったりしてほしくないのです。ですので小姑根性を奮い起こして、うだうだツベコベと小言を申し上げました。こんな私のことは嫌いでも、プログラミングのことは嫌いにならないでくださぁぁぁぁーい！（って、このネタはさすがに古いか）

　でももう準備運動も終わりです。次章は待ちに待った Python ですよ。あ、ただホントにプログラミングは「**実際に！**」paiza のサイトで試してくださいね。具体的に手を動かさなきゃスキルは手に入りませんよ。付録 A など参考に paiza の実行環境で各々のプログラムの動きを確かめながら、次章を読み進めてください。そうすればプログラミングなんてスイスイですよ、信じてね。（今まで散々ダマしてきたくせに…）

本章のポイント

- プログラミングはちーとも「簡単」ではない、すぐに諦めないで
- 「エラーメッセージ」は悲鳴だから、アナタが心を折る必要は無い
- どう作ればよいか思いつく訓練がプログラミング、アタマを使おう
- 実際にやってみなきゃスキルは身に付かない、まずは paiza の実行環境でエラーメッセージに慣れよう
- かな漢字はデータとしてしか使えない、¥ の文字にも注意して

章末問題

　プログラミングを始めるにあたっては、すぐ簡単に身に付くだろうなどの根拠のない見込みに惑わされてはいけません。根気よく地道に真摯に取り組む正しい姿勢はどれでしょう？

選択肢 1)　タイプミスに注意して、エラーに**めげず諦めず気長に丁寧に**進める

選択肢 2)　私財を投げうち 30 年ローンを組んで、最高級パソコンを手に入れる

選択肢 3)　邪念を払い身を清め滝に打たれながら、天啓が下るのを密かに待つ

選択肢 4)　パイソン様、パイソン様、パイソン様、どうか私にご降臨ください

神頼みしてんじゃねぇーよ（笑）

Python 〜 世界一短い入門書

準備運動は十分すぎるほどしたので、いきなり Python 沼へ飛び込みましょうか。本章だけで Python をプログラミングできるようにしますよ。世界一短い入門書です。第7章でまとめたように、プログラミングとしては

(1) データの用意
(2) 変数への代入計算
(3) 条件によるジャンプ
(4) 結果の表示

の4種類の書き方さえ分かればいいんでしたよね。おまけにインタプリタ言語ですから、(1) は手抜きして良かったんでした、楽ちんですな。

四則演算

そりゃあね、コンピュータですから最初はやっぱ計算でしょ！　前章の

```
print(1 + 2)
```

のカッコの中に、1+2 じゃなく好きなよーに数式を書いて計算させましょう。電卓代わりですね。注意点として、加減乗除に使う記号（**演算子**って呼びます）は ＋ と − はそのまんまですけど、積算は × じゃなく ＊、除算は ÷ じゃなく ／を使います。ASCII にはそっちの記号しかないもんで。また、演算子の前後には適当に空白を挿入して見易くしても構いません。

それで、例えば（1 ／ 7）とか割り算すると小数点以下がずら〜っと出て、おぉさっすがコンピュータは精度が高いなぁと感心します。でも（0.1 ＋ 0.2）を計算してビックリ、間違えてるじゃん！　これが第2章の最後で「小数点付きの数は不正確」だと注意した件です。もぉすっかり忘れてましたよね。とんだ伏線回収でした（図 9.1）。

プログラム	出力タブ
print(1 + 2) print(1 / 7) print(0.1 + 0.2) print(123 ** 456) print(12 % 3, 11 // 3, 11 % 3)	3 0.14285714285714285 0.30000000000000004 992500687720988567008314……… 0 3 2

図 9.1 Python 実行結果 (1) 〜四則演算

　Python では実数の計算精度は 15 桁くらいありますから、単純な計算で実用上の問題になることはまずありません。ただし、コンピュータはめっちゃ速くて十億回くらい手順を繰返すのも一瞬ですから、小さな誤差でもあっちゅー間に溜まって意外な間違いを起こします。ややこしい計算ではプロが注意深く設計した仕組みが必要になるってことは憶えておきましょう。

　一方、整数の計算には原理的に誤差は入りません。ちょっきりの数ですからね。でも何桁くらい計算してくれるんだろうって思って（123 ** 456）とか計算させてみます。** はべき乗の演算子で 123 × 123 × ⋯ と 456 回掛けるワケですが、うひゃあとビックリすることになります。なななんと Python の整数計算には桁数制限がありません。計算結果の桁数が大きくなったら、その時点で自動的にデータ量を膨らませてくれるんです。凄いですねー。

　もちろん計算に要する時間も加速度的に増えますし、メモリだって足りなくなります。データが巨大になり過ぎるとお節介な paiza システムが、このままじゃヤバいぞって気を利かして「時間切れ」や「容量オーバー」とかのエラーにしちゃうでしょうね。あくまで計算の原理上「無制限」なだけですよ。でっかい桁数を計算させて遊ぶのはほどほどにしましょう。

　こんな風に整数計算は実数計算とは別世界です。なので除算を小数にせずに整数のままで打ち切って、商を出す演算子 // と余りを出す演算子 % なんてのも用意されてます。余りの演算は、ある数がある数で割り切れるかの確認に便利（12 % 3 は 0 になるなど）で意外に多用されています。

　以上のように、整数か実数かとか桁数を気にせず様々な数値が使え、これらをどこの番地に置いてどうロード／ストアするとか悩むことなく、数式通りの計算をしてくれるのは非常に助かります。本章冒頭に示した書き方 (1) が緩い Python のいいところですね。書き方 (4) も print だけで十分です。

　なお、`print` のカッコ内にカンマで区切って数式を並べると、それら計算結果がスペースで区切られて 1 行に表示されます。また、`print` を何行も並べると計算結果は改行されて表示されますし、逆に前の行の print 結果に改行せず追加表示する書き方もあります。ただ、余り凝った表示に拘っても大して意味はありません。キレイに飾って画面表示させるには全く別の（先輩方が用意した）方法がありますので、今は `print` は単に結果確認用と割り切っておきましょう。

変数と代入

　次は書き方 (2) について。計算がややこしくなってくると `print` のカッコ内に計算式を収めるのもしんどいし、計算結果を別の計算に使ったりもするので、途中で得た値に名前を付けて取っておきたくなりますよね。これが既に第 7 章から何度も出てきている「**変数**」です。変数名が例えば x なら

```
x = なにか数値 または 数式
```

として右辺の値を左辺の変数にセットできます。右辺の数式の中には、既に値をセットした別の変数も使えます。ここで記号 = ですが、数学で使うイコール（等号）とはちょっと違うのでわざわざ「**代入**」と呼びます。例えば

```
x = 5
y = x + 3
```

とあるとこれらは順に実行されますから、まず変数 x に 5 がセットされ、その x の値を使って変数 y には 8 がセットされます。この後で今度は

```
x = 1
```

を実行すると、x は上書きされて値 5 は消え 1 に変わります。このとき変数 y が x + 3 に等しいと考えてしまうと、その値も 4 になるんじゃないかと思っちゃいますよね。でも = は等号ではなく代入ですから、この時点では y の値は変わらず 8 のままです。もし、もう一度

```
y = x + 3
```

が実行されれば、値は 4 に変わりますけどね。つまり、= は等号と言う数学的な「関係」を表すのではなく、代入と言うプログラム実行上の「操作」を表しているワケです。これは結構**重要な違い**です。

　同様に、Python に限らず大抵のプログラミング言語ではよく

```
x = x + 1
```

という式が登場します。これも = を等号だと考えると混乱してしまいますが、その時点での右辺の x の値に 1 を足した（1 増やした）値を新たに左辺の x に代入するという意味です。そんな紛らわしきゃ = なんて使わなきゃいいのにと誰もが思うでしょうが、最初にこうしちゃったヤツ出てこーい！と叫んでも後の祭り、普及しちゃってます。こんな変な式の代わりに

```
x += 1
```

って書き方もあって、変数名を2回書かずに済みますけど紛らわしさは似たよーなものかしら。右辺は1に限らず、2でも計算式でも好きなだけ増やす形にできます。同様に、-=　*=　/= なんて演算子もあります。意味は分かりますよね？ x -= 1 は x = x - 1 とか x *= 2 は x = x * 2 とかです。イコール記号は後ろ側に書くことにご注意ください。=+ や =* はダメですよ（図 9.2）。

プログラム	出力タブ
`x = 5`	5 8
`y = x + 3`	1 8
`print(x, y)`	1 4
`x = 1`	2 4
`print(x, y)`	3 4
`y = x + 3`	
`print(x, y)`	
`x = x + 1`	
`print(x, y)`	
`x += 1`	
`print(x, y)`	

図 9.2　Python 実行結果 (2) 〜変数と代入

　ところで変数名ですが、1文字だけじゃなくアルファベットと「_」を好きに並べて使えます。先頭でなければ数字も〇K。大文字と小文字は区別されますが大文字には特別な意味を持たせたりするので小文字が無難でしょう。また、**予約語**といって後述する if とか while みたいな単語は変数名に使っちゃダメなんですけど、初心者には何が予約語か分かんないですよね。でも予約語は基本的に英単語なので、変数名に気どって英語なんか使わずダサダサのローマ字にしときゃ間違いありません。hensu_01 とかね。

　こうした変数は、コンパイラ言語だと最初にデータ型（データの大きさや整

数／実数／文字とかの種別でしたよね）をきっちり定義しないといけないんですけど、インタプリタ言語だから代入の左辺でいきなり使っても適当に用意されます。後で別のデータ型の値を代入しても〇Ｋ。ただし、値を代入する前に右辺で使うのはダメですよ、計算できませんから。つまり、値を代入しないでいきなり x += 1 とか禁止です、憶えておきましょう。

判定のイフ

　残るは書き方 (3) だけですね。プログラムは通常は書いた順に上から実行されます。ＣＰＵの命令サイクルでプログラムレジスタが毎回 +1 され、並んだアドレスの命令が次々に実行されるとお話しした通りです。この順番を変えるのがジャンプ動作でした。先のアドレスへ跳び越す場合と、前のアドレスに跳び戻る場合があって、まず跳び越しについて説明します。

```
if  条件 :
        なんのかんの
        どーたらこーたら      } インデントされた行
        ・・・
    それからどーした
```

って形で書きます。「条件」部分が成り立つ場合は、if の行の下に並ぶ右にズレた行（**インデント**された行と呼びます）のプログラム「なんのかんの」などをすべて実行してから、次のズレてない行「それからどーした」に進みます。条件が成り立たない場合にはインデントされた行はすべて跳び越して、つまり「なんのかんの」も「どーたらこーたら」なども実行しないで、いきなり「それからどーした」へ跳びます。

　例えば図 9.3 のようにすることで「x が 1000 円未満の場合はすべて 1000 円に切り上げる」とかができます。1000 円以上ならインデントされてる x = 1000 は跳び越しちゃって、結果的に何もしません。このようにして「ある条件を判定して、そのときだけ行う操作」が実現できるワケです。

　条件は変数や数値に関する大小比較の形で書きます。比較には < や > の記号を使い、>= なら「以上」を表します。こうした条件ならＣＰＵの加算器で引き算して結果の正負ゼロでフラグを立てられますからね。このとき、値が等しい

プログラム	出力タブ
x = 999 if x < 1000: x = 1000 print(x)	1000

図 9.3　Python 実行結果 (3) 〜判定のイフ

という条件も書けるのですが、あ！いかん、= は等号でなく代入に決めたので使えません。そこで困って等号 2 個を使い、x == y と書くことになってます。「変数 x と y の値が等しければ」という条件ですね。このとき = を 1 個しか書かずにエラーになる初心者のいかに多いことか！とんでもないトラップですよね。また、条件の後のコロン (:) をセミコロン (;) と間違えないように。

　もう一つ、インデントに関しても注意が必要です。インデントは字下げとも呼ばれて、文書を見易くする清書法の一種です。Python 以外ではプログラムを書く際の「お作法」として、こう書かないと読みにくいですよという緩い扱いでした。このため作法を守らない不心得な初心者が横行し、そんな奴らに限ってインデントの無い「醜い」プログラムを持って相談に来ます。これに逆上した経験者がネットなどで「インデントできないヤツは〇％▲してしまえ！」と罵倒しまくる凄惨な日々が展開されました。怖い、怖い。

　Python ではインデントは作法でなくルールです。インデントしなきゃ動きませんからね、不心得者を一掃する大英断です。ただし、インデントには半角スペース 4 個が推奨されています。でも通常はインデントにはタブキーが使われて来たんですよ。キーボード左端にある Tab というキーを押すと、システムで設定したある桁数だけ右にズレるアレです。Python でインデントにタブキーを使った場合、許す／許さないの扱いはシステムで差があったりしてやや不安定です。現状では「スペース 4 個に統一」が無難でしょう。

　paiza のサイトでは、タブを打っても勝手にスペース 4 個に変換してくれますし、: の後で改行すると次の行は自動的にインデントされます。それは大変助かるのですが、カーソルを動かしたときの画面の動きが、あたかもインデントの場所にタブキーがあるように反応します。実際にやってみれば分かるしすぐに慣れるのですが、ちょいと注意が必要です。これも些末な話なのですが、初心者泣かせではありますね。

繰返しのホワイル

書き方 (3) の最後、前のアドレスに跳び戻る場合のジャンプ動作です。

> **while** 　条件 :
>
> 　　　　なんのかんの
> 　　　　どーたらこーたら　｝ *インデントされた行*
> 　　　　・・・　　　　　　　*(繰返し部分、ループ)*
>
> 　　それからどーした

って形で書きます。if とよく似た感じですね。この「条件」が成り立つ間はインデントされた部分の最後から条件のチェックに跳び戻る形でジャンプ動作が起き、インデント部分が繰返されます。条件が成り立たなくなったら今度はインデント部分の先「それからどーした」にジャンプします。

　条件がずっと変わらなければ、繰返しの部分（**ループ**と呼ばれます）から永遠に抜け出せません（**無限ループ**）。通常はループの中に条件が変わるような操作を設定します。典型的な例は図 9.4 に示したような形です。x += 1 によって x の値はループを回る毎に 0, 1, 2, 3, 4, 5 と増えていきますから、最後は x < 5 の条件が成り立たなくなって繰返しが終了します。つまりこれは**ループを 5 回繰返すプログラム**です。インデントに関する注意は if の場合と一緒です。while に入る前に x に 0 を代入しておくのをお忘れなく。これを忘れるのもありがちなエラーですね。

プログラム	出力タブ
| ```
x = 0
while x < 5:
    x += 1
    print(x)
print("end")
``` | ```
1
2
3
4
5
end
``` |

図 **9.4**　Python 実行結果 (4) ～繰返しのホワイル

なぜ繰返しで書くか

　プログラムの基本はやることを順番に並べて書くことです。並んでいれば順番に実行されます。ただ、ある条件のときだけやることがあれば if で判定して跳び越せばいいだけです。では、上記の while のような繰返しは何のためにあるのでしょう？

　実を言うと別に繰返す必要は無いのです。コンピュータにやってほしいことをひたすら並べれば、その通りに実行されます。何億と言う操作でも一瞬でやってくれます。でも、それらの操作はすべてプログラムに書く必要があります。何億行ものプログラムを書くのは現実的ではありませんよね。

　例えば、$1+2+3+\cdots$ と言う加算を千まで行いたい場合、実際に $\cdots+1000$ まで書いたら大変な作業になります。ところが、変数 x の値を 1 から 1000 まで順に増やすなら、x += 1 と記述さえすればこれを千回繰返して実現できます。さらに、この x を別の変数 y にどんどん足していくなら、y += x と書けば済みます。段々増えていく x をその都度 y に溜めていく、つまり、図 9.5 のようにすればたった 5 行の記述だけで 1 から千までの加算が実行できます。千どころではありません。同図で 1000 とあるところに 1000000 と書くだけで、同じ 5 行のプログラムで百万までの加算ができるワケです。

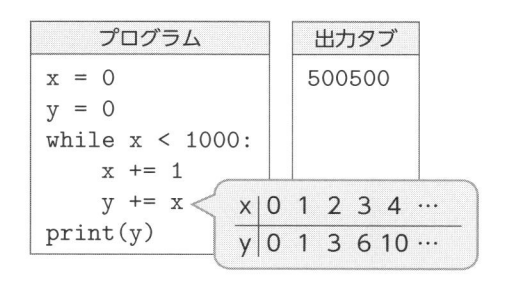

図 9.5　1000 行書くより繰返しで

　コンピュータは膨大な操作を一瞬で行えることが最大の利点ですが、その膨大な作業を一々命令することは現実的ではありません。したがって、コンピュータに対する命令はできるだけ簡単な同じ形にして、それを数多く繰返して「やりたいこと」を実現するしかないのです。つまりプログラムとは

できるだけ簡単な同じ形の繰返し

で作ることが一番の優先事項なのです。

　これは（コンピュータを扱う者には）余りにも当たり前すぎて明示的には言われてない気がします。でもプログラミング初心者は「なぜこんな変な形で繰返しにするのか」ワケがわからず、戸惑っているように見えましたので特に強調させてもらいました。実を言うと「本当に良いプログラム」には別の要素もあるのですが、それは第 11 章で再び取り上げましょう。

データの扱い

　Python の基本機能は以上ですが、多少なりとも実用的なプログラムを書くためにあとちょっとだけ追加しておきますね。実際に役立つのは、何と言ってもデータが多いときです。個々の作業は簡単でも、同じことを何百、何万と繰返すのはクリエイティブ！なアナタには耐えられませんよねー。飽きちゃうし面倒だし非人間的な作業です。そこで、おんなじことを律儀にいくらでも繰返してくれる心強い味方、プログラムの出番です。

　外部からのデータの利用には **input()** を使います。Python はプログラム中に

　　　　x = input()　　　　　*( ) の中はカラっぽ*

と書いてあると、ここでプログラムの**実行を一時停止**します。そのとき皆さんがキーボードからデータを入れて Enter キーを押すと、そのデータを変数 x に代入してプログラムの実行を再開します。これによってプログラムの中に予め書いておいたデータだけではなく、新たに外部からデータを読み込んで処理することができます。つまり先に作っておいたプログラムを、実行時に選んだ様々なデータに対して使うことができて便利なワケです。

　ただし、いま皆さんに使って頂いている **paiza のサイト**では、この input が**非常に特殊な仕様**で設定されています。キーボードからデータを入力するのではなく、予め「入力タブ」に入れておいたデータを 1 行ずつ読み込みます。プログラムの一時停止はありません。入力タブとはプログラム実行結果が現れる「出力」の裏側にあるタブですよ。「入力」と書いた部分をクリックすると前面に出てきます。実行前なら最初から前面にありますね。ここには自由にデータを書き込めます。

　上記の仕様は使いようによっては大変に有用です。ファイルなどからデータを入力タブにコピペしておけば、プログラムを止めることなく多くのデータを

利用できるのです。もちろん 1 行の input ではデータも 1 行しか読みませんから、繰返しを使って必要な行数だけ入力タブから読み込みます。

　実際、データはファイルの形で用意されることが多く、本来の input の仕様のようにキーボードから入力することはめったにありません。さらに、もし paiza を使わなくなったとしても、**リダイレクト**と言うテクニックがあってファイルから直接 input にデータを送り込むことができます。今は安心して paiza のサイトで input を練習しておいて大丈夫ですよ。

　なお、一般にはカッコ内に input("何か数字を入れてね") みたいなメッセージを書きます。プログラムが一時停止したときキーボードからの入力を促すためです。paiza サイトでは一時停止しないのでカッコ内はカラッポで構いませんが、カッコ自体は必要です。

　また、入力タブなどから読み込んで変数に代入されるデータは「**文字列**」になります。文字列とは ASCII や Unicode の文字が並んだもので、プログラム中では "あいうえお", "digital"のようにダブルクォーテーションで囲って示します。前章で注意したように、かな漢字は文字列の形でデータにしないとプログラム内では扱えなかったんでしたね。入力タブ中ではダブルクォーテーションで囲ってなくても、すべて文字列に見なされます。データとして数字が並んでいても数値にはなりません。

　つまり 123 が文字列であるなら、これは数字の 1, 2, 3 が並んだもので十進数の百二十三という数値ではありません。このように変数 x に代入されているのが ASCII 数字だけ並んだ文字列であれば **int(x)** によって数値化できます。int は整数 (integer) の意味ですね。小数点を含む場合は **float(x)** で実数になります。第 2 章でやった浮動小数点形式の浮動 (float) ですね。こうして数値にすれば、読み込んだデータは計算に使えます（図 9.6）。

プログラミング卒業：もう何でも書ける

　Python プログラミングの初歩は以上でおしまいです。えーっ！たったコレだけ？そーなんです、コレだけで十分です。だって本章冒頭で示した書き方の (1) 〜(4) は全部説明したし、ロード／ストア／演算／ジャンプをＣＰＵで実行させる手段は揃ってますから、もう何だってできるはずです。ま、そーは言ってもちーとも実感が湧かないでしょうから、具体的なプログラムを 2 つばかり示し

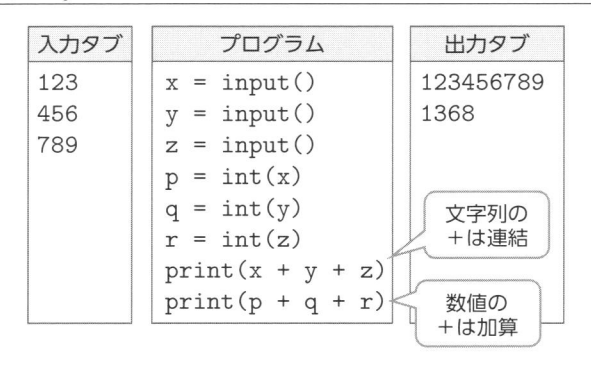

図 9.6 入力タブからのデータ読み込み

ましょう。

図 9.7 の例は、1 万円を年 x ％ の利率で y 年預けた場合にいくらになるか、複利計算のプログラムです。現在のような超低金利ではつまらないので、昭和時代の 8 ％にしてみました。百年とか預けると凄いことになりますね。出力は小数以下はウザいので int() で整数化してみました。このように何度も繰返しを行う際にはプログラムが便利ですよね。

プログラム	出力タブ
```x = 8 # 利率（%）y = 100 # 預金年数z = 1 # 元本（万円）nen = 1while nen <= y: nen += 1 z *= (1 + x/100)print(int(z), "万円")```	2199 万円

図 9.7 複利計算のプログラム

図 9.8 の例は、どこかの帳簿から日々の売上金を入力タブにコピペしてあった場合に、これらすべての総計と、特に 1 万円未満だった日だけの合計を計算するプログラムです。データが何行あるか数えるのが面倒だったので、売り上げが 0 なら最後の行としました。while に入る前は仮に x = 1 として繰返しを始め、入力が 0 だったら（無駄に合計してしまいますが）次の繰返しの前に判定してループを終了しています。

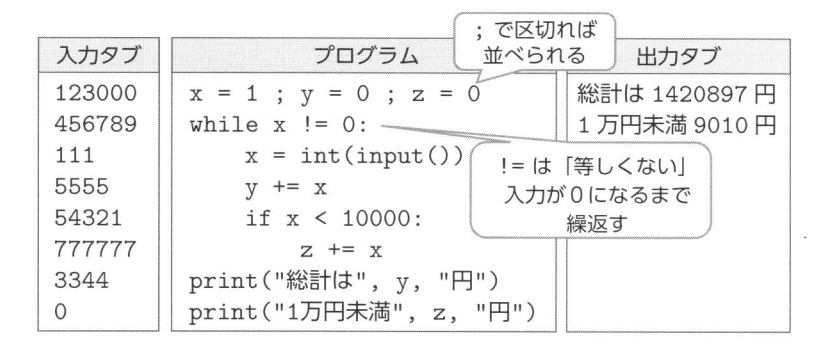

図 9.8　入力データ集計のプログラム

　これら2つのプログラムを読んで各々の動きが分かるようなら、プログラミングの初心者は卒業でしょう。よちよち歩きができるようになったレベルですかね。こうしたプログラムをいくつか経験して、同様なプログラムなら何とか作れるようになって初級、普通に歩けるレベルです。そのままどんどん足腰を鍛えればどこにだって行けるのは確かですが、さすがに電車やバスを利用すべきでしょう。先輩方の作った様々なプログラムは初級段階で十分に利用できると思います。自分で自動車まで作る必要はありませんが、もし免許が取れるのならもっと自由に色々な場所へ出かけられますね。

　本章では Python のよちよち歩きまでをサポートしましたが、レベルを初級へ引き上げるにはさすがに紙幅が足りません。次章以降でもプログラミングに関する追加的な事項は多少解説しますが、付録 A や他の入門書などを利用した皆さんの自己研鑽に期待しています。それでもここまでに述べた基本的な事項は今後のスキル習得にきっとお役に立てることでしょう。最後の第 IV 部では、先輩方がこれまでに開発し皆さんも利用できる様々なプログラムの仕掛けを紹介していきたいと思います。

本章のポイント

- 演算子 (+ － * / ** // %) で種々の計算が可能
- 実数の精度は約 15 桁、整数は無制限だがそれだけ時間やメモリを食う
- =は等号ではなく代入、等しいという条件は == とイコール 2 個で表す
- 変数に数値や文字列を代入できる、演算再代入なら += －= *= /=

- if や while によりインデント部分を跳び越したり繰返したりできる
- プログラムはできるだけ簡単な同じ形の繰返しで書く
- `input()` は（paiza では入力タブから）データを文字列として読み込む
- 文字列 x を数値化するには、整数なら `int(x)`、実数なら `float(x)`

章末問題

　命令を単に列挙されてはプログラムがどんな構造か理解し難くなります。文章でたとえれば段落分けどころか句読点すらないような書き方をしてはいけません。Python では、if や while が扱うプログラムの一部分を字下げして見易く書くことがルール化されました。これを何と呼ぶでしょう？

　選択肢 1)　跳び越しや繰返しの動きがより読み易くなる **インデント**
　選択肢 2)　跳び越しがなぜ起きたか解明すべき重大な インシデント
　選択肢 3)　跳び越そうと思っても高すぎちゃって跳べないね 送電塔
　選択肢 4)　跳び越された後輩に焦ったりしないで構えてろよ デンと

段々無理が祟ってきたよーな…

空欄夢　どこへ行けるのパスポート

　最近の大学生は堅実とゆーか心配症とゆーか、新入生のうちから就職が不安だっ
たりしてます。そんならせっせと勉強すりゃあいいと思うのですが、「なんか資格と
か取ったほーがいいっすかねぇ。誰でも準備無く簡単にすぐ取れる資格、ありませ
んか？」いや、そんなの取っても意味ねーし。

　将来的に就く職種によっては必須の資格もそりゃありますよ、医師免許とか公認
会計士とかね。そーじゃなくて就活時にアピールするための資格なら中身ではない
と思うんですよ。自分として何をやりたいと考え、それに必要な資格取得に向けて
どう努力し、いかに計画的に目標を達成したか。そういったことをどう表現しどう
伝えるかを面接官は見てるワケです。「なんか資格とか」と言ってる段階で間違えて
ない？って、大学教授としてはえらそーに学生を諭すワケですな、うんうん。

　そもそも情報系じゃあ資格なんざ大して重視しませんしね。コンピュータは分
かってて当然、プログラムは書けて当たり前、の世界です。中途採用なら特殊な専
門資格は別として、どんなプロジェクトに関わって来たか、どんなシステムを作っ
た経験があるかが大切になります。

　ではありますがぁ、情報系で資格と言ったら一択です。「情報処理技術者試験」、
情報系唯一の国家資格で 13 種もあります。ネットで引けばすぐに試験区分表が現れ
ますが、左下辺りにある「**IT パスポート試験**」にご注目。他のは専門技術者向けな
中、これは「すべての社会人」向けとなってます。政府としては現代のような技術
社会では国民すべてに IT 素養を身に着けてほしいとか考えてるんでしょーけど、そ
の前に時代遅れな議員さんらを何とか教育しろよーはともかくとして。

　試験の詳細はコロコロ変わってますからネットで最新情報を確認して頂きたいで
すが、全国の主要都市会場でほぼ毎週開催され年間 30 万人近くが受験しています。
会場のコンピュータ画面で答える四択 100 問 2 時間の試験、正答 6 割以上で合格、
合格率は 5 割前後のようです。それなりの難しさはありますが、司法試験みたく激ム
ズじゃないし、何より国家資格ってことが心強いですよね。学生さん向けにはちょ
うど手ごろなので文系・理系併せてお勧めしてます。もちろん社会人の方々もどー
ぞ。情報系専門の方はひとつ上のレベルの「基本情報技術者試験」でないとカッコ
つかないかもね。

　まぁこれを取ったからといってすぐ稼げたり仕事に活かせるよーなものじゃあり
ません。あくまでコンピュータ関連のことを一通り知ってるよという証明です。そ
の意味では本書を読まれている方にはうってつけかと思うのですが、もちろんそれ
なりに受験勉強は必要ですよ。内容的には本書とそこそこカブってますが、もっと
色々盛りだくさんですし、用語とかいっぱい憶えないといけません。でも、何を学
習すべきなのか本書でその正体が分かってれば勉強は進め易いかなとは思います。
で、パスポートが入手できたとしてさてどこへ行きましょうかね、旅先を決めるの
はアナタですよ。

第 IV 部

デジタル技術と
プログラミングの明日

第 III 部でプログラムの大体のイメージは掴めたかと思います。大昔なら「あとは頑張ってプログラミングしてねー」でした。しかし、コンピュータの大発展に伴って便利な機能やツールなど、膨大な数の既製品プログラムが諸先輩方により開発され利用できるようになっています。今やこれらに頼らずイチからすべてのプログラムを手作りする人はいませんし、そのような時代でもありません。第 IV 部では、こうした発展の歴史を概観しながら現代のデジタル社会におけるソフトウェアの役割を考え、将来を展望したいと思います。

コンピュータ科学だがオタクでは無い世界

　本章の題名はよく見てください。科学「だが」オタクでは「無い」ですよ。オタクって言葉も大昔のような蔑称でなく単なる「マニア」程度の意味合いになってるようですが、それでも「私とは無縁な趣味人の別世界」てなイメージですよね。「科学」に対して同じように感じる方も多いようです。

　今は多様性の時代とかで別世界に寛容なのは大変結構ですが、寛容＝無関心では蔑視と変わらんですねぇ。自分とは違うもの、自分には無い要素に対して、きちんとリスペクトしつつ理解に努める。最低限でも何らかを知り何かを掴んで、新しい自分への参考とする。そうした姿勢でなきゃ、多様性を尊重する意味がないんじゃないでしょうか。

　話が明後日の方角から始まって恐縮ですが、本章ではコンピュータ科学について専門的では「ない」話、一般人にも有用な成果を解説します。「科学」なる言葉に深いトラウマを持ち、文系を護符に悪霊退散？を唱える方々にも数多く出会って参りました。でも未知なるものを理解不能と頭から断罪し遠ざける心が、世界の分断を生んでいるように感じています。どうか偏見を捨て新しい知見を純粋にお楽しみください。

アルゴリズム

　とか言ってもほら、こーゆーカタカナ語が部外者を追いやってしまうんですよね。何のこたぁない問題の「解き方・解法」ですよ、そー言やぁいいのにね。ごく当たり前な日常の一側面を殊更に取り上げてキザな名前を付けるのは学問の悪いクセだと思うのですが、そうした新しい名前が見慣れた世界を思いがけない方向で切り取って、全く別の見方が広がるのは楽しい経験ではあります。大した料理でもないのに長ったらしい名前で呼ぶと、めっちゃグルメに感じたり

するあれですな。ちょっと違うか。

　で、肝心の「アルゴリズム」ですが、一般的な意味の「解法」の中でも特にコンピュータで実行可能な、汎用性のある解法を指します。つまり、プログラムで書けるってことと、汎用性ってのはいろんな応用があるってこと。例えば「大きさの順に並べる方法」（**ソート**と呼ばれます）とかはあちこちで多用されます。成績の順位を見る、大きさの分布を調べる、アイウエオ順に揃える等々、本当に様々な場合に並べ替えが使われます。ですから、あるデータ群に対してどのように並べ替えを行うかは、汎用性の高いアルゴリズムとして種々の方法が提案されて来ました。

　他にも、たくさんのルートの中から最短の近道を探し出す方法とか、色々な条件を満たしながらコストが最小になる組合せを探す方法など、様々なアルゴリズムがあります。それらアルゴリズムについて、どんな方法ならより速くできるか、実行作業に多くのメモリを使わずに済むか、などの理論的な深い研究がコンピュータ科学として行われてきました。ただ、そんなことはそれこそ情報の専門家たち、オタクの方々にお任せすればよいでしょう。我々一般人としては、そうやって開発された素晴らしい解法をいかにちゃっかりと利用させて頂くかが分かれば十分です。本章は「オタクでは無い世界」ですからね、そうしましょう、そうしましょう。（手抜きだろう…）

アルゴリズムの利用法：関数

　こうした様々なアルゴリズムは、プログラムで利用する際には「関数」の形で提供されることが多いようです。関数なんてゆーと数学で三角関数とかに苦しめられたトラウマが甦って意識が遠のくかも知れませんが、なんの心配も要りません。だって関数の中身、計算する部分については何も知る必要が無く重要なのはどう使うかだけです。例えば、二乗する関数に2という数を渡して二乗した値 $2^2 = 4$ を返してもらうとか、6を渡し $6^2 = 36$ を受け取るみたいな感じ。いや二乗するくらいなら簡単ですけど、もっとややこしい計算でもどうやってるか知らずに済ませられるのが関数のいいところです。

　具体的に Python で説明しましょう。前章の図 9.6 などで使っている **int(x)** が関数の例です。変数 x に代入した文字列（数字に限りますが）をデータとして int 関数に渡し（**引数、ひきすう**と言います）、それが表す整数値を返しても

らいます（**戻り値**と言います）。戻り値は別の変数に代入したり、そのまま print することもできます（図 9.7）。int 関数の中でどんな処理をしているか知る必要はありません。利用できれば〇Kですね。

　実は **input()** も関数です。カッコの中はカラッポで構いませんが、関数であることを示すためにカッコ自体は必要です。入力タブの 1 行分の文字列が戻り値として返ります。どうやってるかは知ーらないっと。**print**(…) も関数ですよ。引数を画面表示してくれて、こちらは戻り値がありません。戻り値の無い場合は関数と呼ばず「**手続き**」と呼べ、とか細かいことを言う人もいますが、まぁどーでもいいです。

　他にも様々な関数が用意されています。「Python **組み込み関数**」とかで検索すると数十個の関数一覧表が出てきますが、さしあたり知っとく必要はありません。それより遥かに多くの関数があって、用途別に**ライブラリ**（図書館）として整理されています。組み込み関数以外の関数は、例えば

　　　import math

とかプログラムの先頭に書いて、それら様々なライブラリを読み込む必要があります。この場合は math ライブラリに登録されている sin や cos など数学的計算 (**math**ematics) に必要な種々関数が使えるようになります。他にもデータ処理やウェブ操作など膨大な数のライブラリがあって、大抵の仕事に使う便利な関数は親切な先輩方によってすっかり準備されちゃってるのです。

　それらの関数すべてを事前に知ろうとしても無駄です。図書館の本すべてに目を通すようなものですからね。実際にはプログラムで何を行うか具体的な内容が決まってから、使えそうな関数を探すことになります。その探し方については次章で述べます。今の時点では、既製の有用なアルゴリズムは関数の形で利用できること、それら関数は最初にあれこれ import しまくればどんどん使えるってことが分かってりゃ十分でしょう。

　なお、ライブラリ（より一般的には**モジュール**と呼ばれるプログラムの集まり）に含まれる関数（例えば三角関数 sin）を使う際は図 10.1 のように

　　　y = math.sin(x)

とライブラリ名とドットを関数の頭に付けます。これによく似た形で

　　　y = z.find(x)

という関数っぽいのがあります（図 10.2）。z はライブラリ名ではなく変数名で、この場合は z = "abcdefg" のような文字列が代入されています。find(x) は

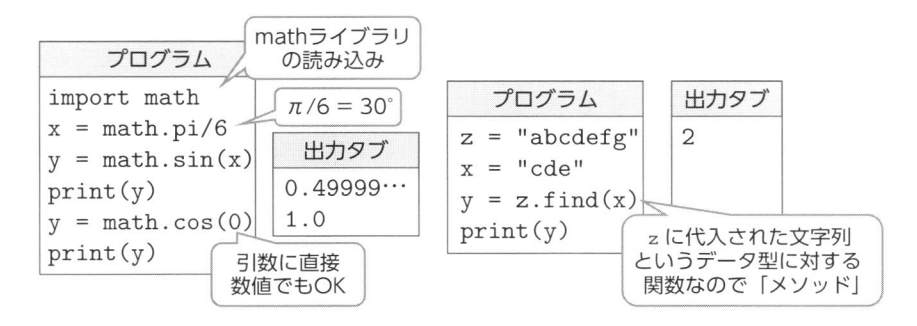

図10.1　数学関数を使った計算　　　　**図10.2**　メソッドの例

この文字列の何番目に引数の文字列 x = "cde" が含まれるかを探し、先頭は０
番目と数えるのでこの場合は２が返ります。この find() のように「ある特定
のデータ型に対して予め用意されている関数」を特に**メソッド**と呼びます。わ
ざわざ関数とは別の名前で区別するなんて面倒な感じですが、次章で述べる諸
事情がございますのでゴメンねー。実際には関数と何も変わりません。

関数を自分で作る

　アルゴリズムなんて大それたものじゃなくても、自分で作ったプログラムを
関数の形にして利用することができます。図 10.3 は前章の図 9.7 で示した複利
計算のプログラムを関数とした例です。

　def は関数の定義 (define) を行うことを示し、関数名 fukuri は変数名と同
じく適当に名付けてます。関数名直後のカッコ内に「引数を受け取るための変
数」をカンマで区切って並べます。これら引数用の変数や関数内で使う変数は
この**関数の定義内だけで有効**です。コロンを打ってから改行した後には関数内
で行う処理をインデントして並べます。処理結果（この例では int(z) ですね）
はこの関数の戻り値として **return** で返します。

　こうやって定義した関数は fukuri(…) の形で呼び出せます。利率や預金年
数、元本などを色々と変えた場合の最終金額を、同じプログラムを使って様々
に計算できるワケですね。関数のカッコ内には引数をカンマで区切って並べま
すが、具体的な値でも、その値を代入した変数でも構いません。関数には変数
の中身の値だけが渡されます。呼び出す側の変数と関数内の変数は全く無関係

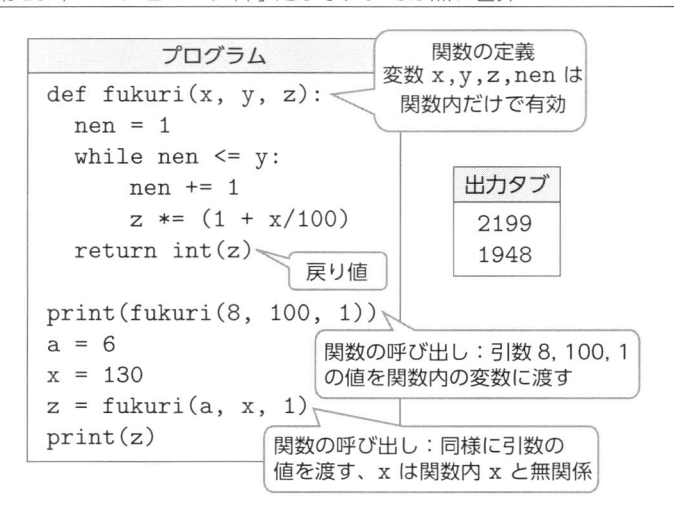

図 10.3　複利計算の関数化

です。同じ名前の変数でも別のものとして処理されます。

　このように変数名の有効範囲（**スコープ**と呼ばれます）が関数の中で閉じているのは大変に便利です。だって、一度定義した関数はあちこちで使い回したいじゃないですか。そのとき、関数内で使った変数名と、その関数を利用するプログラムの変数名で、同じものが使われてないか気にしなくてよいからです。

　組み込み関数やライブラリから import する関数も同じで、その中でどんな変数を使ってどう処理しているかは全く知る必要がありません。その代わり関数内で使うデータはすべて引数として渡す必要があります。関数内から呼び出し側で使われている何かの変数を**参照**（その値を利用）しようとしても、それは関数内で新しく定義した別の変数と見なされますので注意してください。

データ構造

　アルゴリズムと並んでコンピュータ科学でよく研究されているのがデータ構造です。これは複数のデータに何らかの関係性を持たせて、効率よく使えるようにしたものです。代表的なものが番号付けられたデータで「**配列**」または「**リスト**」と呼ばれ、大抵のプログラミング言語に用意されています（両者には微妙な差がありますが、ここではほぼ同じものと考えてください）。Python の場

合は主に「リスト」が使われます。例えば

```
x = [12, 3, 55, 0, 100]
```

のように複数のデータをカンマで区切り、全体を [ ] で囲って変数に代入します。するとこの変数 x はリストと見なされて、カンマで区切られた個々の値は各々 x[0]，x[1]，x[2]，x[3]，x[4] という形で別々の変数のように扱えます（番号は 0 始まり）。つまり、個別に参照や再代入ができます。

　このとき変数名直後の [ ] の中には、データの順番を表す番号だけでなく、番号を代入した変数も使えます。つまり x[y] という記述をすれば、変数 y の中身を 0, 1, 2, . . . と変えるだけで、別々の変数 x[0]，x[1]，x[2]，...を扱うことができるのです。例えば、図 10.4 のようにすれば x[0]〜x[4] までを次々に z に足し込めます。同じ形の繰返しで多くのデータに対して同じ操作ができるため非常によく使われています。

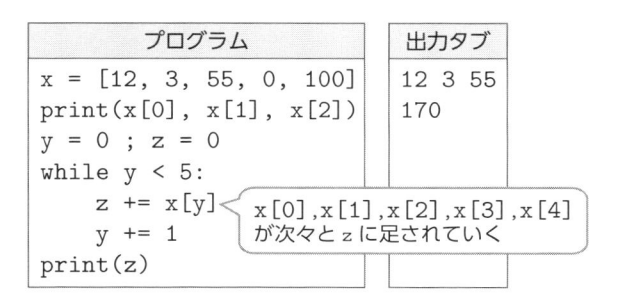

図 10.4　リストによる複数データの利用

　また、リストというデータ型に対し様々なメソッドも用意され、例えば

```
x.append(y)
```

とするとリスト x に最後の要素として y の値が追加されます（図 10.5）。このときメソッド append() には戻り値はなく、x 自体に要素が追加されるという点では「手続き」ですね。いや、そんな違いはどーでもよかったか。これ以外にも様々なメソッドや関数、平均を取ったり最大値を探したり大きさの順に並べ替えるなどの、多くのデータに対して行いたくなるような処理が色々と用意されていて大変に便利です（付録 A [3] 参照）。

　ただ、こうしたメソッドでリストをあれこれイジってしまうと、要素がいくつあったか分からなくなったりします。すべての要素に対して while で操作する場合、いくつ回せばよいか分からず困りますよね。このとき関数 len(x) でリ

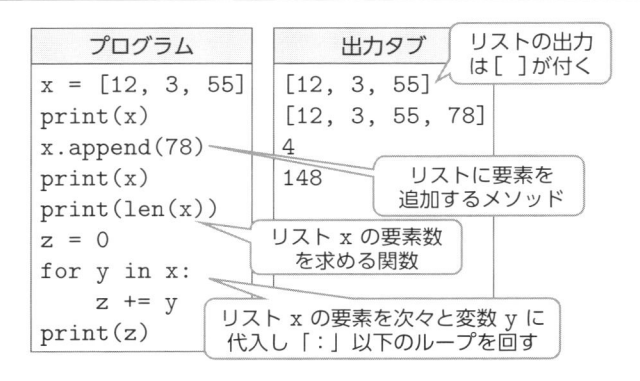

図 10.5　リストへの様々な操作

ストの要素数を求めてもいいんですけど、もっと便利な方法があります。同図に示すように while の代わりに

for y **in** x :

と書けば、リスト x の各要素を次々と変数 y に代入してループを回してくれます。この例では全要素の合計が変数 z に溜まりますね。リストに入っている複数のデータすべてに対して同じ作業をする場合は、この for〜in を使うと要素数がいくつだとか要素の順番など気にしないので楽ちんですよ。

　以上のように、データ構造を使うと大量のデータに対して非常に効率のよい操作が行えます。ここで紹介したリスト以外にも、木構造やスタックなどと呼ばれるちょっと複雑なデータ構造が色々と提案され、またそれらを活かしたアルゴリズムなどと共に様々な研究が行われています。ただぁ〜その辺りは情報専門オタクの方々にすっかりお任せして、一般庶民はリストさえうまく使えれば十分でしょう。

ちょー便利なデータ構造：辞書

　おっといけねぇ、もう一つ、むっちゃくちゃ便利なデータ構造がありました。これは使えなきゃ損しますよ。**ハッシュ構造**という技術を使ってるのですが、Python では「**辞書**」という名で用意されています。例えば

　　　　x = {"リンゴ":3, "みかん":5, "梨":2, ...}

のように**見出し（キー）**と値をコロンで結んで複数個並べ、{ } で囲って変数に

代入します。するとこの変数 x は辞書と見なされて、x["みかん"] のように辞書 x を見出しで引けば、その見出しとコロンで結ばれていた値（この場合は 5）が返ります（図 10.6）。リストと同じような感じですが、[ ] の中に番号ではなく見出しが使えるのが特徴です。辞書を作成（定義）するときは波カッコ { } を使いますが、見出しでアクセスする際はリストと同じく角カッコ [ ] を使いますので、お間違いの無いように。

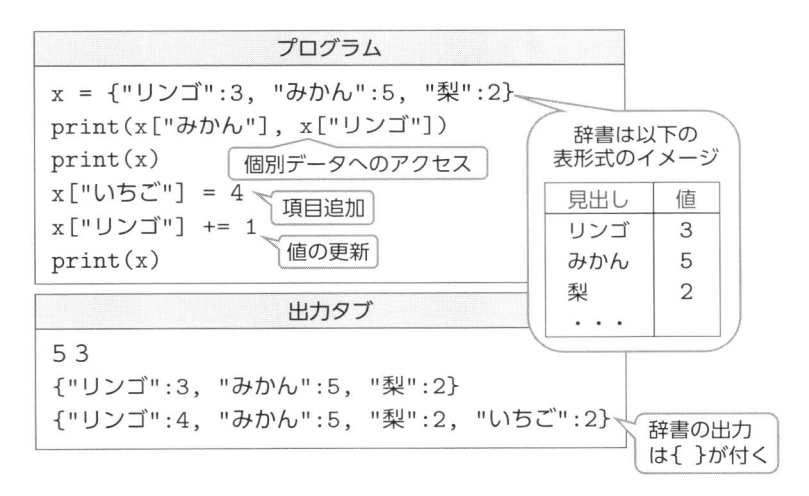

図10.6　辞書型データの利用

　見出しや値には文字列や数値が使えます。上記は果物の在庫表みたいな例でしたが、商品の値段表にしてもいいですし、氏名を見出しに値を住所にすれば住所録にもなります。また、新しい見出しについてデータを追加できますし、既にある見出しの値を更新することもできます。

　　　　新しく"いちご":4 を追加：　x["いちご"] = 4

　　　　見出し"リンゴ"の値を 3 増加：　x["リンゴ"] += 3

　様々な見出しに対して対応した値を並べた表形式のデータをイメージすると分かり易いでしょう。表は異なる変数名でいくつでも用意できます。

　この辞書型データの最大のメリットは「見出しを探す必要がない」ことです。x[見出し] とすればすぐに値が返って使えます。通常は表形式のデータでは、ある見出しに対する値を求める場合には、見出しを 1 つ 1 つ見て探していかなけ

ればいけません。ですから、見出しの数が多くなると非常に時間がかかります。ところが辞書型データでは見出しが**いくつあろうが値は一瞬**で返ります。いいですか？　見出しが千個だろうが百万個だろうが、数に関係なく一瞬で値にアクセスできるんですよ！　この信じ難いほど素晴らしい性能はハッシュ構造の巧妙な仕掛けのおかげですが、その反動でメモリを大量に消費します。ただ、最近は家庭用パソコンでも潤沢なメモリを積んでいるのでほとんど問題はありません。

　具体的な応用でプログラムを作る際には、ある商品名の値段を調べたり、顧客毎に発注件数を管理したりという、ある文字列に対応させた値を扱う場合が非常に多く現れます。こんなときに辞書型データは大活躍します。売れた商品と個数を入力タブから読んで、辞書の値段表を引いて売上金額を求める例を図10.7 に示しました。ここで while **True** : は常に条件成立（True ＝真）なので無限ループとなり、if で入力の最後 (end) を判定し **break** でループを脱出しています。split() は区切り文字（タブ, 空白など）で文字列を分割するメソッドなので、分割された品名と個数はリストの要素 data[0] , data[1] に各々代入されます。このように辞書を活用したプログラムが作れるようになれば、アナタもいっぱしの Python プログラマーですよ。

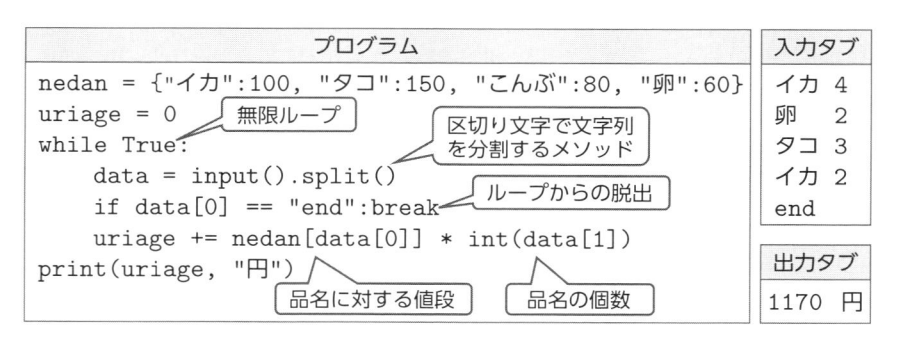

図 10.7　辞書を使った応用例：売上集計

オペレーティング・システム

　本章の最後に、皆さんあるいは先輩の作ったプログラムをコンピュータで動かすために色々と働くお節介な世話焼き屋さん、**OS**（Operating System、**基**

本ソフトとも呼びます）についても簡単に説明しときましょう。これはパソコンの起動時、ブートストラッププログラムが HDD/SSD から主メモリに読み出すプログラムだよって話を第5章でしましたね。**Windows** や **iOS**、**Android** とか、皆さんからのマウスクリックやキーボード入力などによる指令を待ち受けしているアレです。ＯＳ（**オーエス**）の主な役目は

1) ファイル管理 ：動かすプログラムをファイルとして準備する
2) メモリ管理 ：動かすプログラムを主メモリに持ってくる
3) プロセス管理 ：プログラムを動かしたり／止めたりする

の3つです。以下、順に見ていきましょう。

1) ファイル管理　（図 10.8）

　プログラムやこれをコンパイルした機械語はファイルの形で HDD/SSD に保存します。もちろん主メモリでもいいけど、電源切ると消えちゃうし高価だから容量少ないしね。バイト単位で記憶するメモリと違って、HDD/SSD は数百バイト程度を1単位（**セクタ**とかクラスタとかって呼びます）として扱う構造になってます。SSD は実は半導体メモリの一種なんだけど、HDD の代用で発達してきた関係で同じような扱いに見せかけてたりします。

　ファイルには色々な容量があり、セクタより大きいときは1ファイルをあちゃこちゃのセクタにバラして保存します。どのファイルがどこどこのセクタにあるかをＯＳが管理してます。ファイルを削除した場合そのセクタはもう使ってないよってマークがつくので、空いてるセクタを拾い集めてまた再利用します。上書きされるまでは元の情報が残ってたりしますから、古くなって捨てる際に

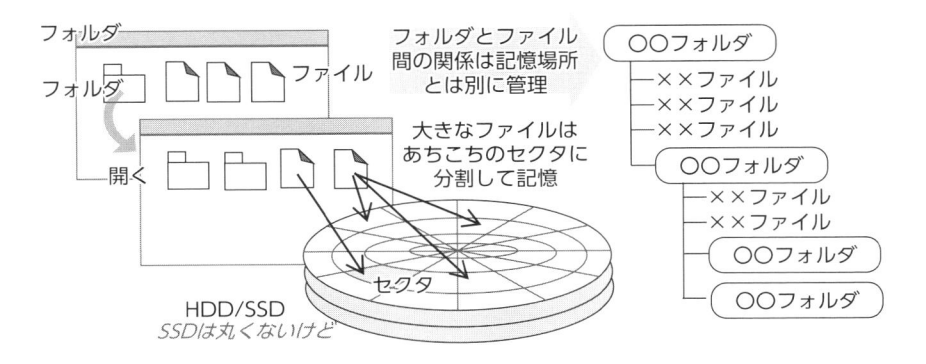

図 10.8　ＯＳのファイル管理

は注意が必要ですね。信用ある業者に頼みましょう。

　一方、複数のファイルをまとめてフォルダに入れたり、そのフォルダをまた別のフォルダに揃えたりの整理整頓は、ファイルがどのセクタに書かれているかという実状とは別に管理します。これも〇Ｓのお仕事ですね。

2) メモリ管理　（図 10.9）

　プログラムをＣＰＵで動かすときは、もちろん機械語になってないといけません。インタプリタ言語の場合はインタプリタ自身が機械語になってます。それがＣＰＵで動いて「インタプリタ言語で書かれたプログラム」をデータとして読み込み、その指令に沿って動くワケです。動くのは必ず機械語です。じゃあ機械語になってりゃ HDD/SSD 上のファイルの形でもいいかっつーと、ＣＰＵとやりとりするスピードが足りません。使う番地もバイト単位でないと色々と困るし、やっぱ動かすときは主メモリに置かないとね。

　ですから、機械語を主メモリのどこに置くか、その管理を〇Ｓが行っています。現在動いているアプリの機械語だけでなく、主メモリには様々な機械語やデータが存在してます。例えば、〇Ｓ自身の機械語や、同時に動いている別のアプリの機械語などですね。また、機械語以外にも様々なデータ、例えば画面に表示する画像（これを記憶している領域が VRAM でしたね）や、その VRAM 領域がどこかといったシステムの設定データなどもメモリに置かれています。これらの場所を〇Ｓが管理しています。

3) プロセス管理　（図 10.10）

　現在動いているプログラムを**プロセス**と呼び、これは複数あります。と言っても上記で「同時に動いている別のアプリ」と表現したことには、ちょっとウソがあります。最近の高級なコンピュータチップには**マルチコア**と称して何個ものＣＰＵが載っていることもありますが、通常は１チップにはＣＰＵは１個です。ですから、ある瞬間にコンピュータ（１チップ）で動いているプロセスも１つしかないのです。

　でも皆さん、通常はたくさんのプログラムを「同時に」動かしてますよね。YouTube でラップを流しながら、Amazon の特売を眺めつつ、ネットゲームで対戦しながらの LINE 応答とか、アイドル顔負けの多忙さです（てか、少しは仕事しろよ）。これらのプログラム、同時に動いているように見えますが実は少し動いてはすぐ止まり、別のプログラムに切り替わってまたすぐ止まり、といっ

主メモリ

| 退避エリア（固定） |
| 割り込み処理プログラム（常駐） |
| オペレーティング・システム |
| アプリ1 |
| アプリ2 |
| アプリ3 |
| ドライバ類 |
| その他、もろもろ |
| 空きエリア |
| VRAM（固定） |

図10.9　OSのメモリ管理（例）

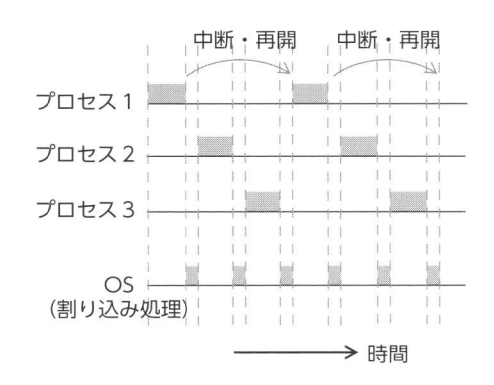

図10.10　OSのプロセス管理
（タスク・スケジューリング）

た一時停止と再開を物凄い短時間（ミリ秒レベル）で繰返しているんです。それが同時に動いているように見えているだけなんですよ。こーゆーのを**マルチプロセス**とか**マルチタスク**とか呼びます。

　そこで、起動されているプロセスに優先順位を付け、どのプロセスをどのくらいの時間動かすか決め、適当な時間単位でプロセスを止めたり動かしたりする管理が必要です。これがOSの**タスクスケジューリング**です。

　以上の3つ、ファイル・メモリ・プロセスの管理がOSの主なお仕事です。他にもコンピュータに接続された様々な機器を動かすプログラム（**ドライバ**）やネットとの通信関係の仕事とかもOSに含まれます。OSと言うと、皆さんが色々なアイコンを操作するデスクトップ周りの画面構成が派手なので、ついそちらに目がいってしまいます。でもメインは割と地味な裏方仕事ですから感謝の気持ち？を忘れずにお願いします。Windows さん、あるいは iOS さん、今日もパソコンを使い易く保ってくれてありがとう！

割り込み機能

　最後にもう一つだけ。実はＣＰＵの機能で言いそびれていたことがありました。第６章ではＣＰＵの基本的な仕組みをすべて解説したよーなフリをしましたが（また騙しちゃったね！）、大事な**「割り込み」**の機能が残ってました。これは上記のＯＳのプロセス管理において、現在ＣＰＵで動いているプロセスを止める機能です（図 10.11）。

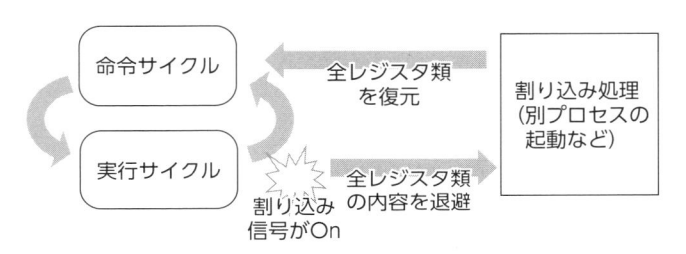

図 10.11　ＣＰＵの割り込み機能

　第６章で説明したように、ＣＰＵは機械語をメモリから命令レジスタに取って来る命令サイクルと、取って来た機械語に従ってロード／ストア／演算／ジャンプのどれかの動作を行う実行サイクルを交互に行います。放っておけば２つのサイクルを交互に繰返し続けるだけですから、プログラムを止める手段はありません。そこで、ＣＰＵの仕掛けにちょいと手を加えて、この繰返しのどこか、例えば実行サイクルから命令サイクルに移行するタイミングとかでいつも割り込み信号の On/Off を確認するようにしてあります。

　割り込み信号はプログラムを止めたい場合に On にする信号で、Off であればＣＰＵは何もせずそのまま次の命令サイクルに移行します。On であった場合には、ＣＰＵ内の全レジスタの内容をメモリの退避エリアにストアします。プログラムレジスタに用意されていた「次の命令をフェッチするアドレス」も退避されます。代わりに割り込み処理プログラムの先頭アドレスがプログラムレジスタにロードされ、割り込み処理がスタートします。退避エリアと割り込み処理プログラムは予め適当なアドレスにＯＳが用意します。

　割り込み処理が終わったら、退避エリアから全レジスタに内容をロードし直します。プログラムレジスタの内容も元に戻りますので、以前に動いていたプロ

グラムの続きから命令サイクルが再開されます。動いていたプログラムにとっては割り込み処理の間は眠っていた、あるいは時間が止まっていたようなものですから、自分の動作が「止められていた」ことにも気づけません。止まっている間に別のプログラムがいくつも動いていたとしても、そんなことは何も知らず自身は連続的に動いていたように振る舞います。

　割り込み信号は色々な方法で On にできます。例えばタイマーを設定してある時間間隔ごとに On とし、割り込み処理によって別のプログラムに切り替えるとかです。これによって前述のマルチプロセスが実現できますよね。その他、マウスの動きで割り込みをかけ、画面のカーソル位置を変えることもできますし、キーボードから入力された文字をメモリに溜めておくことなどもできるワケです。皆さんが目にしているパソコンでは、こんな風にしてたくさんのプログラムが少しずつ動いているんですよ。

　本章ではコンピュータ科学の様々な成果の中から、アルゴリズムとデータ構造に関係したプログラムの仕掛けとして関数／メソッド、リスト、辞書についてご紹介しました。さらに、プログラムの動きをサポートする基本ソフト：ＯＳについても説明しました。コンピュータ科学では他にも様々な研究が行われ、その成果はプログラミングやコンピュータの仕掛けにどんどん取り入れられて非常に役立っています。「科学」だからと敬遠せず、興味を持って注目していって頂けたらと思います。

本章のポイント

- 汎用性の高い問題解決法はアルゴリズムとして研究され、関数の形で提供されている、関数は引数を与えると処理結果として戻り値が返る
- 様々な用途で便利に使える関数がライブラリとして整理されており、プログラムに import すれば誰でも利用できる
- 関数は自分でも定義して利用でき、変数は定義内でのみ有効である
- 特定のデータ型に対して用意されている関数を特にメソッドと呼ぶ
- 複数のデータに関連性を持たせた様々なデータ構造が研究されている
- Python ではデータを番号付けたリスト、見出しと関連付けた辞書が有用である
- ＯＳは主にファイル／メモリ／プロセスの管理を行っている

- プロセスを止めるための割り込み機能がＣＰＵに用意されている

章末問題

　たくさんのデータを大きさ順に揃えるなどの何にでも広く使えるような問題解決法で、コンピュータがプログラムで実行できるように手順を明確に定式化されたものが色々と研究されています。これを何と呼ぶでしょう？

　　選択肢 1)　効率よく高速な処理を目指す **アルゴリズム**
　　選択肢 2)　効率無視して力任せの解決策 ゴリゴリズム
　　選択肢 3)　昭和世代のバブル懐かし ゴーゴーのリズム
　　選択肢 4)　変な問題ばっかり解かされて心が ムズムズ

おっと韻を踏み損ねちゃった…

 オブジェクト指向が 実社会を映す

　前章では主としてコンピュータ科学を中心に、プログラミングを支援する様々な技術を見てきました。コンピュータが開発された当初ではプログラミングも科学的な行為の一環であり、お偉い科学者さま方の熟練テクによってそれはそれは美しいプログラムが生み出されていきました。

　ところが、コンピュータが予想を遥かに超えて社会のあらゆる場所で使われるようになって、とんでもなく莫大な量のプログラムが要求される事態となりました。もはや美しさなどに拘ってる場合じゃない、とにかく作れ、どんどんプログラミングと焦っても、時代はそれを大きく上回る量をひたすらほしがります。このままでは文明が危ない！との恐怖から「ソフトウェア危機」が叫ばれたのが…今から 50 年以上も前の出来事です。

　それから今日に至るまで、プログラミングを職人の伝統工芸ではなく大量生産で稼げる「近代産業」とするため、ソフトウェア工学を始めとした様々な試みがなされて来ました。本章ではこうした生産性向上の流れと、その結果として今やあらゆるプログラミング言語に導入されている「**オブジェクト指向**」の考え方を紹介します。この考えが基本にあるからこそ、諸先輩方の貴重な遺産として既存プログラム類が活用し易く、また現実世界の問題をプログラムとして記述し易くなっているんですよ、凄いでしょ？

現代のプログラムがどんだけ膨大か

　まだやっと数行のプログラムをひぃこら書き始めたプログラミング初心者には、現実に使われているプログラムの大規模さが今いちピンと来ないかも知れませんね。例えば、皆さんもよく知ってる銀行の業務、大昔は預金残高から何からすべては文書・伝票の山でしたが、もちろん現在は全部がコンピュータ処理に

なってます。大手都市銀行で一般顧客相手の諸業務を扱う「勘定系」と呼ばれるプログラムの場合、その規模は 1 億行以上と言われます。億ですよ、億！…あれ？第 9 章で「何億行ものプログラムを書くのは現実的ではない」って言ったのにぃと怒られそうですが、はい、現実です。

　もちろんちゃんと繰返しは使ってますよ。個々の処理は効率的なプログラムになってたって、現実の仕事があんな仕事もこんなのもと多岐にわたってるんだから、しゃーないじゃないっすか。当然ですが、こんなデカいプログラムは一人じゃ書けませんし、すぐにもできません。ざっくり計算してプログラマー千人が 10 年かかって開発する量です、うひゃあ。

　専門職プログラマーの生産性は 1 か月に 1 k-line、つまり千行／月のプログラムを書くと聞きましたので、それで計算しました。朝から晩まで仕事してる割に 5 行／時は少ない気もしますが、大きな仕事の一部として他のプログラムと整合を取ったり**デバグ**（エラー修正）したり文書化したりを考えればこんなところかと思います。

　銀行業務としては勘定系だけではないので、他の業務に関するプログラムもあります。業務の改善やサービスの拡充に伴って、プログラムの修正・変更もしなければいけません。これらのため、大手の銀行には○○銀行ソフトウェアなんて名前の、その銀行に関わるプログラムを専任で面倒見る数千人規模の会社が付属してたりします。もちろん別の銀行なら別のプログラムです。さらに、ネット販売や物流など他の業種でも、巨大プログラムが業務の主体となって活動している企業は数多くあります。それらすべてに関して数多くの人々が日々大量のプログラムを開発・改良しているんですよ。

　こうした大規模型のプログラムだけではありません。第 4 章で述べたように現代文明では身の回りのそこら中にコンピュータチップが使われています。家電品、建築設備、車や交通機関などに埋め込まれた**組み込み系**と呼ばれるコンピュータは、すべてプログラムで動いています。個々の規模は数千〜数万行程度であってもその種類はそれこそとんでもない数になりますから、それらのプログラムの総量もまた莫大です。

　そして、これら現代文明を支える無数のプログラムたちは、機械的な大量生産がほとんどの工業社会にあってなんとも信じがたいことにすべて「手作り」ですよね。プログラムばかりは 1 つ 1 つ、1 行 1 行、人間が手で書くしかない。こんなことではたしてデジタル社会がやっていけるのか、誰でも心配になるワケですね。

プログラムの構造化

　そこで、プログラムをいかに効率よく製造するかが様々に検討されて来ました。「良いプログラム」がどんなものかは昔から種々の議論があります。正しく動くことは大前提として、できるだけ速く、できるだけメモリを使わずになどの主に性能面での研究がされてきました。しかし、今はコンピュータ自体が速く動くし、メモリも大容量のものが安価で入手できます。一部の特殊な用途を除いて、速さや省資源は大きな課題では無くなってきています。それらよりも生産性の観点から「**読み易さ・流用性**」が注目されています。

　効率のよい製造には既に作ったプログラムの活用が欠かせません。誰が読んでも動きが分かるプログラムであれば安心して流用できます。動きが詳細に分からなくても、利用の仕方が明確で動作が保証されているなら同じく流用できます。しかし、コンピュータ初期の時代では、プログラムは作った本人以外には中々理解し難いものが数多く存在しました。

　プログラムとは「どうやってコンピュータを動かすか」の流れを効率よくまとめたものです。これを一々他人にも分かるように詳細に説明するとなるとプログラムの数倍の文書量になりかねません。また、多くの複雑な要素が絡んだ場合など、本人にも流れがうまく説明できなかったりします。「どーしてこの変数をこっちに足したの？」なんて根掘り葉掘り追及されても「だからぁ〜、ふつーそうするじゃん」とかホント面倒ですよね。

　このため、まずプログラムを分かり易く書く方法が模索されました。構造化プログラミングなる啓蒙活動もその一つですが、やや話が細か過ぎるのでここではより一般的な「構造」に着目します。要するにプログラムを

「**構造を持った単位でトップダウンに作成する**」

ことが推奨されたのです。これだけでは何のことかサッパリですよね。

　ここで言う「構造」とは、プログラム全体が適当な単位で区切られ、各々の機能と関係が明確になっていることを意味します。例えば、長〜い文書が章立てどころか段落分けもなくビッシリ何ページも書かれてたら誰も読む気になりません。全体の流れが分かり易い形で章に分けられ、文章もまとまり毎に段落分けされていれば、読み易いしアタマにもスッと入ります。「トップダウン」も同様です。「上から」つまりまず全体はこの処理とこれこれからできていて、こ

の処理はこれこれ…みたいに、概略の説明から入って段々と詳細化していく感じなら理解し易くなります。

　このためには前章で説明した関数が利用されています。大きなプログラムを書く場合は、まず初期処理を行う関数①を呼んで、次にアレを行う関数②とコレを行う関数③を呼び…って感じで、最初に全体の動きを書いてしまいます。関数①, ②…はまだ作ってません。その後でやっと関数①を定義するワケです。その際もまだ作ってない関数を勝手に想像し、それを使ってアレとコレと…みたいに段々と詳細化していく（図 11.1）。こんな風になっていれば全体像も掴み易いし、最後に具体的なプログラミングをする際も小さい範囲で機能を確認し易くなります。何よりも大勢の人が協同でプログラムを作る場合に仕事が分担し易くなりますよね。ですので、現在の実用的なプログラムはほとんどが関数だらけで構成されてるんですよ。

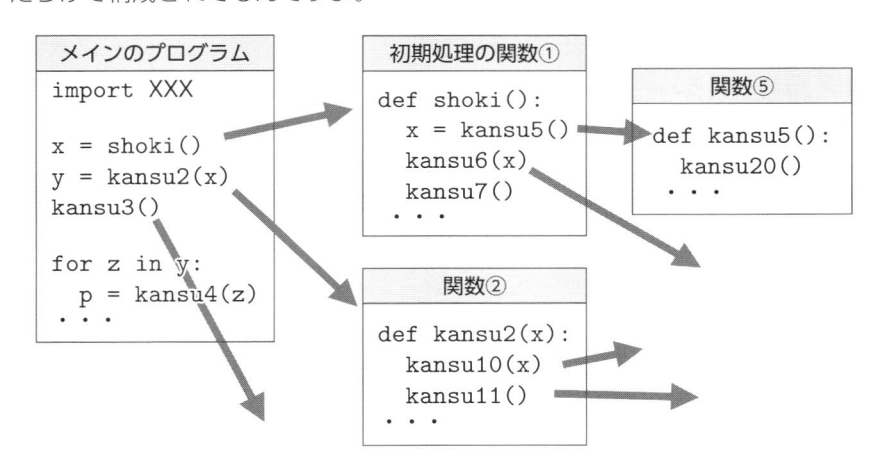

図 11.1　関数を使ったトップダウンな構造化

オブジェクト指向の考え方

　次に見直されたのがデータの「分かり易さ・記述性」です。プログラミングでは様々なデータを取り扱う際に、色々な変数やリストなどのデータ構造を利用します。どんなデータ構造を使うかは普通は処理がし易いように選びますよね。例えば、学科 80 人分の学生名簿であれば name[1], name[2], ... などのリスト

に各々名前を用意し、繰返しで順に出力するでしょうね。こうすれば多人数で
も処理し易いからです。さらに各自の成績データを扱うなら、上記の各番号に
対応させて ten[1], ten[2], ... と点数のデータを用意し、これらを順に足し
て平均値を求めたりもするでしょう。あるいは最初から名前と成績を見出しと
値に対応させて、辞書型データにするかも知れませんね。さらにまた住所録を
作ろうとかなると、全然別のデータ構造を用意することになるかも知れません。

　これらのデータをどう表現するかはプログラムによって様々です。プログラ
マーが自分で処理し易いようにデータ構造を勝手に選ぶことが多かったかと思
います。ですから他人の書いたプログラムを読もうとしたら、まずどのデータ
がどんな形で表現されているか、そこから理解を始めなきゃならない。当たり
前と言えば当たり前ですが、中には非常に変な形でデータを使ってたりして理
解するのも大変だし、ましてや流用しようにも非常に使いにくい。折角似たよ
うな機能のプログラムがあるのに、またすべてイチから作り直しとなっていた
ワケです。

　このデータの記述法をできるだけ統一した枠組みで行えないか、と言うのが
「**オブジェクト指向**」の基本的な考え方です。上記の例なら、氏名や成績などを
個別のデータとするのではなく、「学生１人分」と言う１つのデータにまとめて
しまいます。その学生のデータが持っている様々な属性として氏名や成績があ
る、と考えるワケです。このようなデータ構造は、データが数値なのか文字列
なのかの種類を表す「データ型」を、より抽象化／一般化したものとして「**ク
ラス**」と名付けられました。

　学生クラスは図 11.2 のように氏名や点数など様々な属性を持ったデータ型と
して定義されます。学生の田中さんや山田さんなどの具体的なデータは、学生
クラスに属する個別のデータとして生成され、１人分全体を１つの変数に代入
して使われます。これはデータの種類を表すクラスとは区別し「**インスタンス**」
（具体物）と呼ばれます。x = 123 という具体的なデータは、数値というデータ
型とは別物ですよね。両者はしっかり区別されます。

　学生クラスに属するインスタンス x であれば、その属性である氏名や成績は
x.name や x.ten など、インスタンスと属性名をドットで結んで代入・参照がで
きます。このようなインスタンスを人数分（80 個）用意すれば、学科全員に対し
て名簿を印刷したり成績を管理したりのプログラムが書けます。後で住所録を
作りたくなっても、x.jusho という属性が予め用意してあれば簡単に処理を追

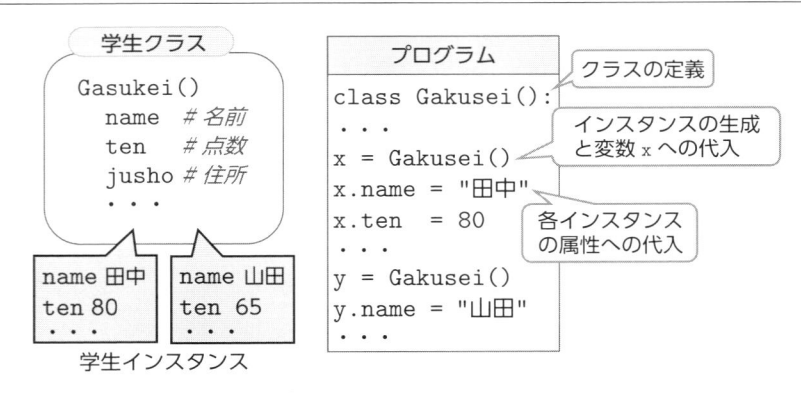

実際のPythonプログラミングはもうちょっとややこしい

図 11.2 *クラスとインスタンス（イメージ）*

加できます。もちろん必要になった時点で属性を追加しても構わないのですが、追加する人の都合によって変数名とかに統一性が欠ける怖れがあります。そこで、誰でも共通に使えるような属性を事前に共通的に準備しておくワケですね。

　使いもしない属性が色々と定義されていて無駄に見えるかも知れません。でも定義はクラスとしての準備であって、具体的なデータをインスタンスに用意しなきゃ大した無駄ではありません。それよりも、誰もが考える「学生」というデータが標準的／汎用的に用意されていることが重要です。

　企業の社員に対して同じようなプログラムを書く場合はどうでしょう。今度は会社員クラスを定義します。学生と違って学科や学年の属性は不要ですが、代わりに所属部署や肩書がほしいですよね。一方で、名前や住所などは人間なら誰でも持ってる属性になります。だとしたら、予め人間クラスを定義しておくのはどうでしょうか。名前や住所などの属性は人間クラスに定義しておいて、学生クラスでは学科や学年など学生特有の属性以外は人間クラスの属性をすべて引き継ぐことにします。この属性の引継ぎ機能を「**継承**」と呼びます。会社員クラスも同じく人間クラスを継承し、所属部署や肩書などの属性を追加で定義します。さらに、大学でゼミ生を管理する場合なら、学生クラスから継承してゼミ生クラスを作ってもよいですね（図 11.3）。

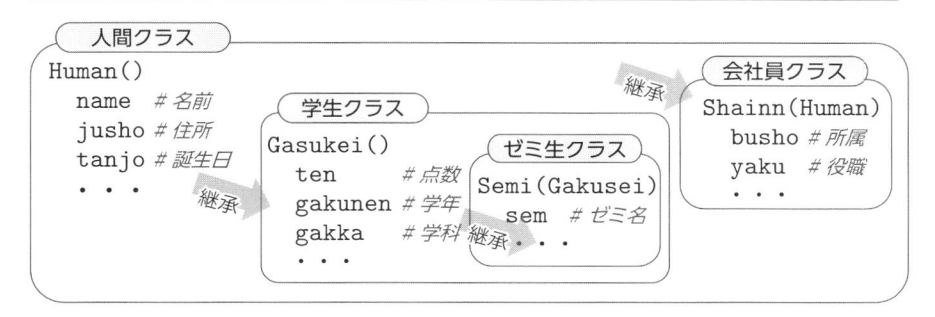

図 11.3　クラス間での属性の継承

実社会を映すクラス・インスタンス

オブジェクト指向は世の中のすべての「**もの**」(**Object**) を統一的に記述しようという思想です。アナタや私、目の前にある机や本、自分の家、外を走っているタクシーなど、ありとあらゆる具体物はすべてインスタンスという同じ枠組みで表現します。そして、これらインスタンスは必ず何かの一般的名称や分類名を持っています。例えば学生や人間、家具や文具、建物、車などは、それらに属するインスタンスに共通する性質を表していて、これをクラスと呼ぶワケです。クラスには大小があって、例えば学生や会社員のクラスは人間クラスに含まれますし、タクシーやバスのクラスも自動車クラスの一種です。小さなクラスは、それが含まれるより大きなクラスの性質を継承していることもお分かりいただけるかと思います (図 11.4)。

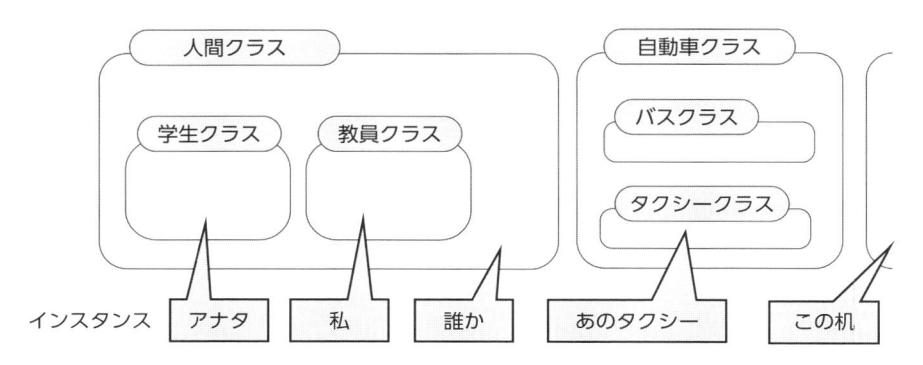

図 11.4　クラス・インスタンスによる実社会の表現

　このように考えれば、プログラムで何かのデータを記述するとき、そのデータの実社会における実像にできるだけ近い形で表すことが可能です。もちろんクラスを記述する人によって多少の違いはあるでしょう。でも誰もが納得できるようなクラスが定義され、多くの人が便利に使うようになれば、自然に標準的なクラスとして共有されるようになってきます。自分の目的に合わなくても、少なくともそのクラスを継承して自分用のクラスを記述すれば作成が楽になります。こうして流用がどんどん進むのです。

　クラスによって共有されるのはデータだけではありません。それらクラスに固有なデータを使ってそのクラスに特徴的な処理をするプログラムも共有対象となります。例えば、人間クラスが誕生日の属性を持っている場合、現在の日時に対して満年齢を計算する処理があれば、人間クラスを継承するどんなクラスでも利用できますよね。そこで、現在日時を today とかの引数にした getNenrei(today) なんて関数を人間クラスに用意します。人間クラスか、またはそれから継承された学生クラスなどのインスタンス x に対しては、x.getNenrei(today) とすれば満年齢が戻り値として返るワケです。

　あるいは、食品クラスに賞味期限切れか否かを判定する関数 eatable() を用意すれば、食品クラスを継承する生鮮品クラスとか野菜クラスなんかのインスタンスでも利用できますね。既にお気づきのように、これら関数は特定のクラスに対して用意されていますので、前章で説明したように**メソッド**と呼ばれます。というか、メソッドはオブジェクト指向で提唱された概念です。従来はプログラムがそれと独立したデータを扱うという考え方でしたが、メソッドはプログラムがデータに付属しているイメージです。

　このメソッドも属性と同様にクラス間で継承されます。上位のクラスで定義されたメソッドは、そこから継承されたクラスすべてで利用できるワケですね。さらに、継承された下位のクラスによっては、上位のメソッドと異なる処理をするように「上書き」する場合もあります。例えば、乳製品クラスの場合だけは食品クラスから継承していても賞味期限は別に扱うとか（いや仮にですよ）があるなら eatable() メソッドも書き換えたりします。つまり、同じメソッドでもデータに依存して処理が変わる、ほら、プログラムの方がデータに付属しているという考え方ですね。

　なお、オブジェクト指向で扱うクラス - インスタンスの枠組みは、実体のある具体物だけでなくやや抽象的な「もの」までも含みます。例えば、数値や文字列

などのデータ型もクラスの一種と考えますし、画面上に描く多角形とか、会社などの組織、利益や資産、顧客サービスのようなものまでクラスとして設定可能です（「平和」とか「責任」なんて抽象的なものだと無理っぽいかしら）。ですから、通常のプログラムが扱うデータはすべてこの枠組みで記述できます。

プログラミングの意識革命

　現在使われているほとんどのプログラミング言語では、このオブジェクト指向の考え方に基づく機能が組み込まれています。コンパイラ系言語として君臨したＣ言語（第７章で紹介しましたね）は、オブジェクト指向を取り入れて **C++**（しーぷらぷら）と名前を変え今も大きな顔をしてますし、Java は最初からオブジェクト指向を中心に設計された言語です。もちろん Python にも取り入れられていますよ。

　こうした言語を使ってプログラム開発が進められているうち、プログラミングと言うものに対する意識も少しずつ変わってきたように思います。私のような老兵プログラマー（プログラミング歴は学生時代から数えて 50 年！）だと**「プログラム＝アルゴリズム＋データ構造」**っちゅー金言で育てられました。いやぁ〜なっつかしいいい！　これは要するに、問題の解き方（アルゴリズム）と表現の仕方（データ構造）を別々のものとして、しかも同時に考えることです。昔のコンピュータは性能が限られてました（今の百万分の１）から、それでも何とか答えを出すため、コンピュータにとって効率よい動きができるように、コンピュータにとって操作し易いデータ表現になるように、それはそれは気を遣ってプログラミングしてました。なぁーんて優しい（コンピュータにとって）プログラマーたちだったんでしょう！

　でも今はねぇ、コンピュータなんぞ気い遣ってやるような箱入り娘（あるいは息子）じゃなくなってるんですよ、まぁ箱には入ってますが。めっちゃせっかちな浪費家として安売りされちゃってますから、スピードやメモリなんか気にせずコキ使っちゃえばいーんです。そんなことより人間様がいかに気楽に問題が解けるかですよね。

　そもそもプログラムで解きたい「問題」って現実社会の問題ですよね。だったらその現実をできるだけそのまんま写し取れるような表現法をコンピュータに用意させましょうよ。そして、その現実で通常動いているような働きも予め

組み込んでもらいましょう。そーすれば、後はそのクラスで表現したインスタンスをメソッドで動かすことによって、ほーら現実がコンピュータ内で再現されて求める答えが見えてくるじゃありませんか！

　あれ？これってシミュレーション・ゲームの世界じゃん？　そーなんですよ、俄然プログラミングする気が出ちゃいましたか？　これからの若人向きには良い風潮かも知れませんねぇ。解法よりも問題の記述し易さを中心としたこのようなプログラミングは「問題指向」とか呼ばれたりしてます。年寄はつい「そんな手荒い処理なんかしたらコンピュータが可哀そうじゃん…」とか要らぬ心配をしがちなのですが、プログラミングの世界には新しい時代が訪れているように感じています。

　ただぁ、コンピュータの構造に囚われすぎて問題の本質を見失わないようにと願う教訓には共感できても、コンピュータが実際にどう動いてどう問題を解決しているか、それは全く知らなくていいし知るべきでもないとまでは思わないんですよ。問題を無心に眺めることは大事でも、その解法を無視したのでは却って問題を把握し損なう怖れがあります。問題の本質は本質として、今「できること」を駆使してその問題のどこをどう解決しようとするのか。そういった自覚なり決意なしでは、本当に問題に向き合ったことにはならないんじゃないでしょうか。う～ん、教育的だなぁ。

　話がとんでもない方向に跳んでしまいました。言いたかったのは表現と解法のバランスです。本書の前半ではデジタルの基本となる１ビットから始めて、コンピュータの基本的な動きがロード／ストア／演算／ジャンプに過ぎないことを説明してきました。後半では、そんな単純な動きでもうまく組み合わせれば実に多様な働きが実現できることを示しました。こうした基本の十分な理解に立った上で、解法だけに囚われない問題記述を目指すのが望ましい姿かと考えています。ピカソだって青の時代の写実的画力があってこそそれを超えた幼稚園児風な絵が評価されるんですよね、ちょと違うか。

　それに、実際のプログラムではやっぱり効率は大事です。特に、メソッドなどの基本的な関数はそこら中で繰返し使われることになりますから、余りに杜撰にプログラミングされたら全体の動きに支障が出ます。でもまぁ、そこらは専門家おたくの皆さんがアルゴリズムとデータ構造をきっちり見極めて製造いただけると期待しましょう。おっと丸投げ他力本願でしたね。

ライブラリとフレームワーク

　ってワケでぇ、諸先輩方が作って下さったクラス・メソッドのちゃっかり利用法です。前章で関数を説明する際にお話ししたように、「大抵の仕事に使う便利な関数は親切な先輩方によってすっかり準備されちゃって」ます。これらを用途別にまとめたものがライブラリ（図書館）でしたね。

　標準ライブラリと呼ばれ、Python プログラムの先頭に import ○○と書けば利用できるものだけでも数十種類あります。ごく一部を表 11.1 に示しましたが、これら以外にも有用なものは数多くありますし、paiza のサイトでも利用できます。さらに、外部ライブラリと呼ばれるものも非常にたくさんあります。やはりごく一部を表 11.2 に示しました。外部ライブラリは使う前に、ネットを通じて自分のＰＣにインストールする必要があります。

表11.1　主な標準ライブラリ（ごく一部）

標準ライブラリ	内　容
math	三角関数、対数などの数学関数、円周率などの定数
datetime time calender	日時、日付などの時間計算
random	乱数（ランダムな値）を発生、サイコロやゲームなど
sys pip os	OS の管理情報とのやり取りや操作など
re	正規表現を利用したテキスト検索や文字列置換

表11.2　主な外部ライブラリ（ごく一部）

外部ライブラリ	内　容
Numpy	ベクトル, 行列, フーリエ変換など、AI やデータサイエンス
pandas	データ処理や分析など Excel などのデータを扱える
sklearn	機械学習アルゴリズム
OpenCV	画像・映像の処理
BeautifulSoup	Web スクレイピング

　これらのライブラリでは様々なクラスやメソッド、関数が定義され、それらを使えば自分でプログラミングするよりも遥かに多くのことを実現できます。ただし、それらのライブラリにどんなクラスやメソッドがあって、どのような使い方ができるのかを学ぶのは、実は簡単ではありません。関数やメソッドの中身まで詳しく知る必要が無いと言っても、非常に高機能で多様な使い方ができる関数が「親切にも」数多く提供されちゃってます。

　ネットで検索すれば各々のライブラリについて何ページにもわたる詳しい解説が見つかります。外部ライブラリであれば、それを解説する分厚い書籍が何

冊も出版されたりしているのです。これらをしっかりと理解するには、今までの Python の学習以上に手間も時間もかかることは、皆さんにも容易にお分りいただけるかと思います。

　さらに、**フレームワーク**と呼ばれるものも表 11.3 を始めとして多数用意されています。ライブラリが便利なツール群であるのに対して、こちらはある用途における標準的なプログラムの組み方、テンプレート集だと言われます。例えば、ウェブサイトを使ったサービスを実現するために必要となるであろうプログラムのサンプルが色々と揃えられたりしてるワケですね。それなら手軽かと言うと、それらの実現には様々なライブラリが駆使されていたりして、一般にはライブラリよりも大規模であり使い方の習得はそれなりに大変でしょーねー…

　痛てっ!!

　おぃ！どこが「ちゃっかり利用法」だよ、むちゃくちゃ大変じゃないか！って、そろそろ石を投げられる頃だと思ってました。第 8 章の話をもう一度思い出してください。プログラミングのスキル獲得は、アナタが思うようには「簡単」ではないのです。ライブラリやフレームワークを「ちゃっかり」利用できれば、従来は何人ものプログラマーが何年〜何十年もかかっていたようなプログラムが「簡単」に実現できるという話です。そのための学習は数か月程度で済むほど「簡単」だと言っているのです。2 〜 3 日の学習で身に付くようなスキルで金が稼げるハズがないでしょう？

　もしアナタにそうした学習を進める覚悟さえあるなら、その準備はできています。本書をここまで読んできて話が大体は理解でき、Python も実際に動かしてみて初級くらいはイケたかなと思うなら、予備知識としては十分でしょう。後はネットなり書籍なりで、興味のあるライブラリやフレームワークの使い方を学習してみてください。デジタル社会を動かすプログラミングは、もうアナタ

表 11.3　主なフレームワーク（ごく一部）

フレームワーク	内　容
Django	Web サービス開発用、Instagram の開発に利用、機械学習にも使える万能型、大規模向け
Flask	Web サービス開発用、必要最小限の機能で軽量
Tensorflow	Google 社が作成、機械学習向けオープンソース
Pytorch	Facebook 社が作成、機械学習向け

の手の中ですよ！

　と、アナタに委託し本書を終える…はずだったのですが、2022 年末に人類史を揺るがす大事件が勃発しました。ChatGPT が目覚めてしまったのです。え？ AI が人間の代わりにプログラミングしてくれるって？　おいおい最後になって大どんでん返しかよー、波乱の最終章へ。

本章のポイント

- 現代社会における莫大なプログラム需要に応えるため、効率のよいプログラム製造を目指して「読み易さ・流用性」が重視されている
- そのためにはプログラムを構造を持った単位でトップダウンに作成することが推奨されており、関数を中心とした構成が多用されている
- データの「分かり易さ・記述性」に応えるのがオブジェクト指向である
- クラス‐インスタンスの枠組みによって実社会をそのまま表現し易い
- クラス間で属性やメソッドを継承することで、効率的に記述できる
- オブジェクト指向の考え方によりプログラミングが問題指向になってきた
- ライブラリやフレームワークを利用して効率よくプログラミングできる

章末問題

　プログラム開発の生産性を上げるため、誰にも分かり易く流用し易いプログラムが書けるように、様々なプログラミング言語に導入されている考え方を何と呼ぶでしょう？

選択肢 1)　実社会、そのまま映すは**オブジェクト指向**
選択肢 2)　アトリウム、飾るオブジェはグッドな施工
選択肢 3)　この程度ビビる様ではオプティミスト失効
選択肢 4)　歩けない？それでは負ぶっていくとしよう

♪ 選択し 脳裏にバえる リズムかな

12 生成AIとこれからのプログラミング

　まぁったくオープン・エーアイ社も余計なことをしてくれたものです。*chat* なんかで一般人に公開しなきゃ、*AI* が人間知能を超えてるシンギュラリティには気づかれず密かに人類を抹殺して、話が早く片付いたんですけどねぇ…って、オマエ、だだ誰だよっ！

　危ない、危ない、いつのまにかワープロが勝手に文章を書いていました？とか心配になるほど、コンピュータが人間の言葉を操れるようになっちゃった今日この頃です。おぉ怖っ！

　AIの解説は本書の目的ではありませんが、もちろんAIはデジタル技術の重要な成果です。幸いにも前章までの解説には大きな影響は無いとは言え、今後のプログラム開発がAIによって大きく変わるであろうことは確かです。ただ問題なのは、爆発的に絶賛ブレーク中な「生成AI」がどんな技術的意味を持つか先端研究者にとっても十分には明らかでないこと、今現在の進歩スピードが異常に速くて何を書いてもすぐ古臭い話になりかねないことです。特に後者は書籍にとっては致命的です。私としては「後は皆さんで最新情報をフォローしてね〜」と逃げ切りたいのは山々…ではありますがぁ、出版社が返本の山々になっても誰かに恨まれそうですので、精一杯の予測を示して何とかごまか、いや、締めくくりたいと存じます。冷や汗〜

衝撃の告白

　先に白状しちゃいましょう。私はここ30年ほどAIの研究を行ってきてて、専門は人間の言葉でコンピュータと会話することです。なんだよ！どストライクの専門家じゃんか!!と期待されそーなのですが、じじ実はですねぇ2022年度末をもって大学を定年退職の予定でしたので、最近は研究の方はもう店じまいっつーか、そのぉ、最新技術をフォローし損なってるっつーか…すすすみま

せーーーん！　この後 AI がどう進化するのか予測が外れたときの言い訳です。ここだけの話にしといてください。（ぉぃ

　他の研究者だって、ある AI 系学会で「ChatGPT は災害に認定してほしい」なんて愚痴ってましたからね、私だけじゃないんだもーん。2022 年末に突如出現した ChatGPT によって、この世界にどんだけ甚大な被害が出るかとか、この後の進路予想とか（台風かよ）、誰もあんまし自信持って言い切れないんですよぉ。ですから、皆さんもしっかりと疑心暗鬼になって頂き、眉を唾でべとべとにした上で以下をお読みくださいね。

　この最終章では、まず ChatGPT がどんな技術かをごく簡単に説明し、現状ではどこに注意すべきか私見を述べます。そして、近い将来にプログラム開発にどんな影響を与えるかを予測した上で、特に本書を読まれているアナタにはどう利用できるかを助言します。そして最後に、AI とデジタル技術の関係についてカッコよくまとめ…られるといーけどなー。

ChatGPT はもう試しましたか？

　これだけ連日「生成 AI」が話題になってるので、その代名詞たる **ChatGPT** の名前くらい聞いてるでしょう。ただ、実際に触れたことが無い人もいるかも知れません。現在は誰でも自由に試せますので「ChatGPT」で検索し、日本語ログインにぜひともアクセスしてみてください。画面に「今日はどのようなご用ですか？」と現れますので、何でも質問してみましょう。例えば

- アナタには何ができますか？
- 今晩のおかずは何がいいでしょう？
- １から百まで合計する Python プログラムを書いてください

などです。どんな質問をしても、まるで人間が答えているとしか思えないような的確で自然な文章で、すぐ回答が返ってきてビックリです（図 12.1）。

　今までにも「似たような」システムはありましたので、「へぇ〜よくできてるね」程度の感想かも知れません。でも、どんな質問にも回答でき、回答の的確さ／こなれた口調が段違いです。この分野の技術に詳しい人ほど非常に驚きます。使われている技術に比べ、実現されてる機能が異常に高度に思えるのです。未来からか宇宙人のハッキングでもあったような感覚。「あれぇ？ AI ってこんなに進化してたっけ、人間もぅ要らなくね???」

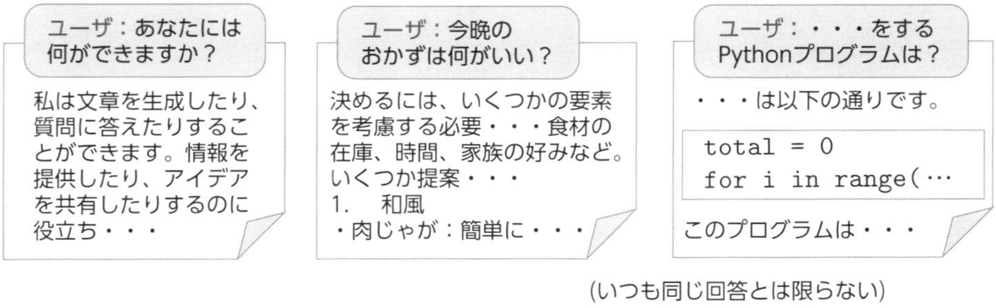

図 **12.1**　ChatGPT による回答サンプル（一部）

　まぁあんまり ChatGPT の話に突っ込むと別の本が出来上がってしまいますので、ここでは上記 3 番目の質問に話題を限ります。そーなんですよ、プログラムを作ってくれちゃうんです。これって本書の立場としてはどーなんでしょう、ねぇ？

ChatGPT の仕組み　〜超テキトー解説

　さすがにちょー最先端ですので、本書で連呼してきたようには「簡単」ではありません。なので、ごくごく雰囲気だけの解説であることはご了解ください。ただぁ〜、どんなに優れたものと言っても結局はコンピュータのプログラムなんですよ。つまり、そうです、ロード／ストア／演算／ジャンプを繰り返しているだけなんですよ。たぁったそれだけで、なぜあたかも人間であるかのように「言語を理解し知能的に振る舞ってる」ように感じるのか。そこに専門研究者ですら驚き不思議がっているのです。「オレたちは一体何を生み出してしまったんだろう？」でも何度も言いますが、単なるプログラムですよ。仕掛けには何も「不思議」はありません。

　さて、ChatGPT は Chat Generative Pre-trained Transformer、リアルタイムで文字会話できる、生成的で、事前トレーニングされた、単語間関係学習機構てな感じ。チンプンカンプンですよねぇ。後ろから順に説明します。

　まず Transformer ですが、大量の文章から単語間の関係として「それっぽさ」？を学習する仕組みです。ほら、「海」と言えば「山」だし、あるいは「休暇」かもだけど、「責任」とかじゃピンと来ない。「山で柴刈り」なら「川で洗

濯」だし、「わざわざお出で頂き」なら「恐縮ですが」であって、「よく来たね」
じゃそれっぽくは無いですよね。こうした単語間、あるいは複数単語群の間の
組合せや語順なんかが、どのくらい「ありがち」で「それっぽい」かを数値の形
で実際の文章データから自動的に獲得する仕掛けです。

　で、この学習に使うトレーニングデータですが、その量がハンパではありま
せん。数十 TB、テラバイトですよ、兆のレベル！大きな図書館でも全蔵書の文
章量でせいぜい数 TB です。図書館何館分もの本全部を読んだ人間なんていま
せんが、それほど莫大な文章を読んでいれば大抵のことについて「それっぽさ」
が分かって来ると思いませんか。超高速コンピュータでも何日もかかるこの事
前学習で「それっぽさ」に関し数千億個！の数値（パラメータ）を取得します。
単語の数だけで数十万ありますから、さらにその組合せについてのパラメータ
だったらそんだけの膨大な数になっちゃいますよね。

　質問に対してはこのパラメータを基に、いかにも回答になりそうな単語をそ
れっぽく組合せて文章を「生成」していきます。さらに、生成された文章から
いかにもそれっぽくつながる文章を生成し続けていきます。パラメータの取得
には時間がかかりましたが、そのパラメータを使った文章の生成ならば一瞬で
行えます。以上、おしまい（図 12.2）。

　　　　　ええええええ！！！そそそれだけかいっ？？？？？？？？？

そーなんですよ。文章を理解とか何とか、まぁあったくしてないです。ま、「文
章を理解」が何を意味するのかは実は解明されてませんので、ChatGPT が理解
してないとも言い切れないのですが、ハッキリ言ってコイツは何もわかっちゃ
いません。でも本当にうまく答えるんですよ。

　皆さんの周りにもいませんか？　なぁーんか色々と知ったかぶりで、聞かれ
るとペラペラと調子よく何でも答えるんだけど、ちょっと突っ込むと何も理解

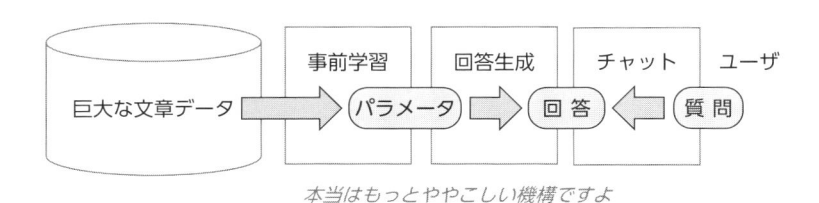

本当はもっとややこしい機構ですよ

図 12.2　ChatGPT の仕組み（イメージ）

してなかったことがバレるっちゅーヤツ（あ、オレか？）。その「知ったかぶり」もここまで極まると意外にもホンモノに近くなるとゆーか。実際に、学習する文章の数が億レベルでは今いちだったんですが、兆レベルになって質的変化が起こったみたいです。現代科学は何でも「構成要素に分解すれば説明できる」という立場でしたが、「要素数が膨大だと別物」だとの指摘もされていて新しい科学が必要な予感がします。が、それはさておき。

　最後の Chat はユーザと文字対話する部分で、不正利用対策とか色々と小細工が施されているようですが、企業秘密で未公開です。まぁ基本的には GPT の技術がすべてですね。ChatGPT は OpenAI 社が開発し Microsoft 社が肩入れしてますが、Google 社ほかも同様なシステムを開発してます。研究分野的には大量文書を学習するこれら技術は **LLM**（Large Language Models、大規模言語モデル）と呼ばれます。さらに、文章生成だけでなく画像や映像までも同様な仕掛けで生成する技術を**生成 AI** と呼ぶこともあります。ここでは主にプログラムの自動生成を考えますので、とりあえず ChatGPT を技術の代表として扱いますが、LLM や生成 AI も似たような意味で使ってます。例によってテキトーですよ、固いこと私には求めないでくださいね。

ChatGPT の正体 〜あくまで私見です

　上記の解説はいかにもインチキくさかったですが、専門的にもまぁ許されるレベルかと勝手に思ってます。けど、以下は完全に私の勝手な思い込みと独断ですので、うのみ服用は自己責任で。私の注目点は３つです。

　まず、回答は生成されたもので、検索結果ではありません。大規模な文章を基にした技術と聞くと、その中から回答を探すのかと勘違いされるのですが、大量文章は「それっぽさ」のパラメータ数値を学習した後は捨ててしまいます。ただし、いかにもよくある典型的な質問に対しては、いかにもありがちな回答が大量文章に多く含まれています。ですから、それら回答中の単語の「ある質問に対するそれっぽさ」が大きい値で学習されて、それらパラメータから生成される回答もいかにもありそうな文章になります。ですが、どこからか探し出したのではなくその場で生成された文章です。

　一方、めったにないレアな質問では、たまたま関連していた文章の影響を強く受けるでしょうし、余りそれっぽくない単語が相対的に高く評価されてしまっ

たりします。それら「外れた素材」から無理に生成すると、全く**事実無根の回答**がいかにもそれっぽく捏造される事態となります。ChatGPT の登場以前から文章生成 AI の分野で問題となっていたこの現象は「**ハルシネーション**」（幻覚）と呼ばれています。有効な対策はまだありません。

　実際に ChatGPT でもこのハルシネーションが割と頻繁に観測されてるようです。例えば「〇〇大学の〇〇教授が提唱した〇〇理論によれば…」なんて、いかにも本当っぽいデタラメが真実の話の中に埋め込まれていて、専門家ほどダマされちゃってるようですね。ChatGPT にしたら「いやぁ〜うろおぼえだったので色々と混同しちゃって」なのかも知れません。だったらもっと不確かな雰囲気を出してほしいのですが、回答は常に自信満々です。そのくせケロリと「さきほどの回答は間違いでした」なんて告るんですよ。

　Microsoft や Google は自社の検索エンジンにこうした生成 AI 技術を組み込んで、回答の根拠をユーザ自身が検索によって確認できるような検討を進めています。それでも検索で確認できるような回答ばかりじゃありませんから、そこまで期待はできません。要するに「**知ったかぶりがうろ憶えでもっともらしい話をしている**」だけなんです。しっかりとした理解と認識に立って、確固たる己の主張を述べている**ワケではない**こと！　当たり前ですが、ChatGPT は口がうまいし非常に有用な回答もしてくれるもんだから、ついダマされないように心がけたいものです。

　２つ目の注目点は、知能的なメカニズムが十分には組み込まれていないのに、振る舞いが知能的に見えてしまうことです。AI ＝人工知能の研究はその永い歴史の中で、推論、認識、計画、判断、等々の様々な知的能力の実現を検討してきました。文章生成や質問応答はそれら知能のごく一部でしか無いはずなのですが、これだけに特化された機構である ChatGPT は極めて汎用的な知能を実現しているように感じられるのです。そのくせ、何も分かっていないと感じる場合も多々あって非常に奇妙な印象ですね。

　もちろん回答文生成能力こそ知能の本質であるという可能性はあります。従来検討されていた種々の知能の方が実は枝葉末節であって、単に本来の知能が発揮された一側面でしかないのかも。実際に今までの研究じゃロクな成果は出てませんからね（おっと諸先輩に叱られそう）。ただ、そうは言っても知能が単に「たくさん読んだ文章からそれっぽい答えを作る」だけだとは、信じられないし信じたくもない。何かもうちょっと、ほら、あるでしょ？と言いたいです

よね。何が足りない、と問われても困りますが。

　たぶん、「知識をちゃんと理解した上での自覚を持った行動意欲」みたいのが「知能」を名乗るには必須じゃないかとぼんやり考えてます。それが現在の GPT 技術の発展上に生まれるとはとても思えませんが、本書が出版される前に発明されちゃう怖れも無くはない。ですが、あと 10 年以上はかかるだろうとタカをくくっておきましょう。

　問題は、そんな不十分な機能であるのに不思議と知能を感じてしまう私たちの想像力です。私はこれを「会話の際の相手への自己投影」による錯覚ではないかと疑っています。人に何かを伝えてその反応が返るとき、私たちはその反応を自分に当てはめた上で、きっと相手はこう考えたんだろうと予想していますよね。まぁ大抵の予想は外れますけどね。同じく ChatGPT との会話でも「こんな返事をするなんて、コイツよく考えてるなぁ」とか思っちゃったりしますけど、「考えてる」のはアナタで ChatGPT ではありません。強いて言うなら、学習の際に使った文章の「残留思念」がパラメータとして残っていて、それをアナタが ChatGPT を介して受け取ったに過ぎないのかなと考えてます。なんか怪しいカルト S F になっちゃいそうですが。

　何が言いたいかというと、ChatGPT はアナタの知能を引き出してくれる便利なツールであるけど、それ自体に知能があるワケじゃないから、期待し過ぎたり変に怖れたりしても意味がない。これは強く主張したいですね。

　3 つ目の着目点は、2 つ目と同様な話にもなりますが、ChatGPT は結局はアナタを映す「**鏡**」に過ぎないということです。ある程度複雑な問題の場合であれば、ChatGPT に質問して求める回答が一発で得られることは稀です。最初の回答をしっかり読み取って、また新たな質問を修正・補足していくアナタの誘導が欠かせません。提示された情報から何を読み取るか、回答をどう誘導していくか、すべてはアナタの知能次第です。アナタが全く理解できないこと、できもしないことを、代わりにやってはくれません。

　ChatGPT ができることは、アナタでも十分に時間をかけて努力すればできることでしかありません。それを短時間で効率よく高品質にできるように支援してくれる、その意味で有能なツールであることは間違いないでしょう。でも、そのツールを使いこなすのはアナタですよ。あらら、すべて AI にお任せして寝てるワケには行かないようですね。でもアナタ自身が必要とされるのは結構なことです。一部では AI が人間から職を奪うと心配されているようですが、奪わ

れるのは AI を活用できない人の職ではないでしょうか。

　と、まぁ散々妄想を膨らませてみました。非常に怪しげではありますが、そこまで外してはいないでしょう。少なくとも「ハルシネーション」は客観的な事実です。以下、このノリで考察を続けますね。

プログラム開発への影響

　既にプロの世界、つまりプログラム開発をお仕事で行っている企業などでは AI の利用がどんどん進んでいるようです。ChatGPT のように一般人向けにあらゆる質問へ対応するのではなく、専門プログラマー向けにプログラミングに関する質問に限るのならそれ相当のチューニング（特定分野への適合化）が期待できます。つまり、事前トレーニングで学習する文章として、プログラミング関係の文書や解説付きのプログラムを追加するワケです。専門の企業であればかなり大量の文章データを用意できるでしょう。これによりハルシネーションの問題はかなり回避できると予想されます。

　また、こうした企業でのプログラム開発ではベテランのプログラマーが経験の浅い新人に色々な要求を与え、作成されたプログラムをチェックして修正や改善を指示するといった業態が通常です。この「新人」を AI に置き換えれば、従来通りの確認と誘導を行うだけで多くのプログラムを生産できる可能性があります。もちろんハルシネーションのリスクはあるので、AI にプログラム作成を丸投げすることはできません。でもベテランであれば、作成されたプログラムの「正確さ」はきちんと評価できるでしょうし、ちゃんとしたプログラムになるような誘導もうまくできるでしょう。

　ベテランといえどもすべてを 1 から作るにはそれなりの労力がかかりますから、AI によるサポートはそれなりに有用だと思われます。一方で新人にとっても、ベテランの行動やプログラム成果物を AI が詳細に解説してくれれば非常に有益でしょう。こうした丁寧な育成は仕事に忙しいベテランの嫌がる業務でしたが、これからは AI が存分に助けてくれると考えられます。

　プログラムはそもそも「言語」ですから、言語系 AI との相性は非常に良いのです。幸い？なことに、現状の生成 AI はプログラム開発を完全に任せられるほど優秀ではありません。したがって、まだしばらくは AI がプログラマーの（職を奪うのではなく）優秀な助手あるいは部下として、大いなる恩恵をもたらし

てくれるのではないでしょうか。予測が外れたらゴメンね。

一般人はどのように利用するだろうか

　プログラム開発のプロではない人であっても、生成 AI を利用したプログラミングの機会は増えるでしょう。もちろん仕事の本業に使うプログラムを素人が AI を利用して作成するのは、今後いくら技術が進歩しようとリスクが大き過ぎます。やはり企業としてきちんとプロに開発を依頼すべきでしょう。でも、個々人の日常業務のサポートには**現場で即席に作るプログラム**の利用がどんどん進むと思われます。社会におけるオフィスワークはほとんどすべてがデータの事務的な処理であり、世の中のデータはどんどんデジタル化されているからです。折角のデジタルデータを人手で処理していてはデジタル化の意味がありません。もちろんプログラムの出番ですよね。

　おっと、お仕事の話は学生さんにはピンと来ないかもしれませんね。もう少し具体的な話をしましょう。例えば、色々なお客様から様々な形式で請求書が来てるとします。各々の請求書はその度に処理して仕事は済んでいるんですが、なんか法律が変わった関係で過去の請求書すべてから日付・客名・金額をピックアップしてまとめるように依頼されたと想像ください。

　請求書の処理が会社の本業としてキッチリとシステム化されてりゃ簡単だったかも知れません。でもこんな仕事してるのは社内で自分だけで、それも本業をこなしながらの片手間です。仕方ないから請求書の電子ファイルを一つずつ開けては日付とかを探すのですが、ファイルが Word だったり Excel や PDF と形式がバラバラな上に、中身の形式がお客様毎に様々でどこに何が書かれているか探すのも一苦労です。請求書はどっちゃりあって、うひゃあ作業に何日間かかるんだろうと途方に暮れる。なんかぐっちゃぐちゃだなーと思いましたか？恐ろしいことにほぼ実話です。

　会社の仕事なんて大体こんなのばっかしですよー。ホント、これ以上にややこしく手間暇のかかる「雑用」だらけです。本業であればきっとそれなりに効率化されてるだろうし、会社として立派なシステムも用意するでしょう。でも本業に付随する業務だと、今回だけ特別にコレもとか、とりあえず間に合わせでとか、ついでによろしくと言われちゃうんです。そういった突発的一時的個別的で非定型なデータ処理が日々そこら中で発生しているのが今の日本社会な

んですよー。

　さて、上記実話の担当者ですが、本業は事務的な仕事でプログラミングとかは無縁な人です。学生の頃にプログラムは作りましたが、計算をさせただけでもう詳細は忘れました。ただ Python には興味があって最近本を読んだので、たぶんプログラムでできるかもと思いついたようです。でも Python は練習課題を動かしただけで、本気のプログラミングはちょっと…あれ？　ひょっとして ChatGPT に頼めるんじゃあ???

　とまぁ、こんな感じだったと聞きました。そして ChatGPT に「これこれのファイルからこれこれの情報を抜き出すプログラムを作って」から始めて、できたプログラムを動かしつつ、ここは違うとか、これはこうしてとか、2〜3行程度の要求を十回ほども繰り返したそうです。最終的には何とか使えるプログラムが 2 時間ほどで完成しました。出来上がったプログラムの内容は ChatGPT に色々と質問して、動きはすべて理解できたとのこと。この確認は重要ですよ、全く違った処理をしちゃってるかも知れませんのでダマされないように。担当者はこの成功に味を占めて、さらにいくつかの仕事の助けになるプログラムを作り続けているそうです。

　おそらく今後の社会では、このような「現場で即席に作るプログラム」が大活躍するのではないでしょうか。いくらデータがデジタル化されたとしても、それを処理するツールが Excel とかの既製品だけだったら千差万別の個別的な要求に十分には応えられないでしょう。臨機応変な処理ができるプログラムこそが解となるでしょうが、まさか一々プロに作ってもらうワケにもいきません。そもそも個別の細かな要求をプロに伝えるだけでも面倒です。やはり担当者が直接プログラミングするのが一番ですが、今度はプログラミングのスキルが心許ない。そのとき生成 AI が救世主となるでしょう。

アナタはどう利用すべきか

　さて、本書をここまで読んできたアナタは、プログラムがどんなものであるか基本を理解し、初歩的な Python プログラムを書けるようになっているかと思います。ただ、そこから先、初級から中級にかけて進むには独学ではやや不安があるでしょう。特に自分で書いたプログラムがエラーから抜け出せない場合は、誰か相談できる人がいると心強いですね。そして、身近にそういう人がい

ない場合こそ ChatGPT が相談相手になってくれる可能性が高いです。もちろん、気まぐれで嘘つきな側面もありますけど、独りで悩んでいるよりは「やや早とちりな先輩」として頼りになると思われます。

　さらに、前章の最後で示した様々なライブラリやフレームワークなど諸先輩の遺産を有効活用しようとすると、たぶんその学習量の多さに二の足を踏むでしょうし、どこから手を付けるべきか途方に暮れると思います。でも ChatGPT に「いまプログラミングしたいこと」と「それに使えるライブラリ」を相談すれば、きっと適当なものを選んで詳しく教えてくれるでしょう。当面はそれで十分なのです。全部の遺産を使いこなすのではなく、必要な場合に必要なだけを使えることが重要です。

　また、前述の請求書処理エピソードの要点は、担当者がおそらく十分な時間さえかければ一人でもプログラミングできるだけの潜在的スキルを持っていたことだと思います。そうでなければ ChatGPT が作成したプログラムは理解できなかったでしょうし、完成するように誘導することできなかったでしょう。ChatGPT は「鏡」ですから、アタナができること以上のものを引き出すことはできません。ぜひアナタも ChatGPT を十分に活用できるだけのスキルを自ら身に着けられるよう頑張ってください。

生成 AI とデジタル社会

　さぁフィナーレです！　本書では、まず第 I 部で世の中のあらゆるデータが 0 と 1 で表されるデジタル化について説明しました。次に第 II 部では、そのデジタルデータを使ったあらゆる処理が、非常に簡単な仕組みのコンピュータチップで実現できることを示しました。そして、このチップがシリコンを使って小さく安価に大量生産できることで現代社会が成り立っていることも示しました。さらに第 III 部では、そのあらゆる処理を実際に実現するためのプログラミングについて解説し、そのための言語である Python を紹介しました。そして第 IV 部でこの Python プログラミングを支援する様々な仕掛けを説明してきたワケです。

　本書の初めで**「皆さんを取り巻く現代文明の道具たちを理解」**しようとお誘いしたワケですが、はたしてその目的は達成されたでしょうか？　少なくともコンピュータがデジタルデータを処理する基本的な仕組みと、それを動かすた

めのプログラムについては、何らかの理解が得られたのではないかと思います。そして、その理解はそもそも**「アナタが自分の人生を自分で考えるためにアタマをしっかり働かせる」**ためでしたよねぇ？　憶えておいででしょうか。簡単だとか楽ちんだとかダマされながら、実はややこしい話をここまで辿り着けたのでしたら、アタマもそれなりに鍛えられたこととお喜び申し上げます。大変にお疲れさまでした。

　アタマが鍛えられただけではありません。今やアナタは現代社会を支えるコンピュータのヒミツを知り、それを自在に動かすスキルも手に入れようとしているのです。生成 AI とうまく協力できれば、アナタの今後の人生にしっかりとデジタルテクノロジを活かしていけると信じています。

　今このデジタル文明は、自らが生み出した生成 AI によって大きな転機を迎えているように感じています。生成 AI は素晴らしい可能性を秘めたテクノロジではありますが、それがどんな未来をもたらすのかはそこに映し出されたアナタ次第だと思っています。そのアナタの成長に期待してこの世界の明日を託し、本書を終えたいと存じます。

本章のポイント

- ChatGPT を始めとする LLM に基づいた生成 AI が大ブレークしている
- LLM は大量の文章から単語間の結びつきの「それっぽさ」を学習し、それに基づいて回答を生成している、質問を「理解」しているかは不明だ
- 全く事実無根の回答を捏造してしまうハルシネーションが問題である
- 注意深く利用すれば、専門のプログラム開発や一般的な現場でのプログラミングに大いに役立つと期待できる
- 生成 AI はアナタができること以上のことはできない、何事もアナタ次第
- デジタルテクノロジを巡る永い旅もこれで終わる、ご愛読ありがとう！

● ● ● ● ● ● ● ● ● ● ● ● ●　**章末問題**　● ● ● ● ● ● ● ● ● ● ● ● ●

本書を読了した後の正しい行動はどれでしょう？

全選択 1)　ChatGPT を使って Python プログラミングに励む

全選択 2)　ChatGPT を使ってコンピュータチップを復習する

全選択 3)　ChatGPT を使ってデジタルテクノロジを総括する

非選択 4)　ChatGPT とかみんな忘れて怠惰な日常に逃避する

あとがき

　本書は、筆者が勤務する総合大学において一般教養科目として企画・設計した「教養デジタルテクノロジ」を書籍化したものです。まだ開講 1 年余りですが、文系・理系にわたる 11 学部の受講者千人以上から「予備知識が無くても分かり易い」「科学や技術が苦手だが楽しく理解できた」等と大変な好評を頂きました。そこで、大学生だけでなく広く高校生や社会人の方々にもお役に立てるのではと考え出版した次第です。

　いま世の中では、このデジタル技術を基盤としたデータサイエンス・AI が大変なブレーク中であり、文科省の指導の下に全国の大学でデータサイエンス教育が進められています。実は上記科目に先行して「教養データサイエンス」という科目も開講し、そちらでも受講者から同様の大評判を頂きました。ただ、「データサイエンスは分かったけど、実際にはどう実現してるの？」等の声が多く、技術側の知識も補完する必要に思い至りました。

　実際、データサイエンスに関する書籍は今や大量に出版されていますが、それを支えるデジタル技術に関しては、情報／工学系向けの難しい専門書か通り一遍の啓蒙書に限られるように感じます。でも、デジタル技術の中心であるコンピュータの仕組みは、専門知識がなくても十分に理解可能と思われます。このコンピュータの動きやそれを操るプログラミングについて最低限の知識を持つことは、これからの技術社会を生きる全ての人にとって有用だろうと考えます。本書がその一助となることを祈念したいと存じます。

　本書の出版に当たっては、学術図書出版社の貝沼稔夫さんには何から何まで大変にお世話になりました。本書の内容や体裁だけでなく、実際の応用に関して貴重なお話も伺え非常に参考になりました。厚く御礼申し上げます。

　神奈川大学情報学部システム数理学科の森田光教授、奥野祥二助教のお二人には、研究業務にお忙しい中、拙稿に対して的確なアドバイスを頂き深く感謝申し上げます。折角のご意見を十分に生かし切れていない点がありましたら、全く私の不徳の致すところです。内容の誤りなど文責はすべて松澤にあります。

　また、私の怪しげな授業に対し毎回盛大な声援をお送り頂いた受講者の方々にも感謝いたします。皆さんの楽しい感想は執筆の大きな励みとなりました。

　末尾に私事ではありますが、定年後になってもズルズルと大学教育を楽しんでいる私を支えてくれている、３人の息子と妻に感謝を捧げます。

付録 A　あなたにも動かせるプログラム
～ウェブサイトを使った Python プログラミング入門

[0] 準備運動

- **第8章**は読みましたか？　**paiza サイト**へはアクセスできましたか？
- まず **print(1+2)** を成功させましょう。この段階でエラーから抜け出せない場合、プログラミングとは無縁の、でも修正は必須の何か原因があります。誰かプログラミングを少しでも経験した人に助けを求めてください。
- 成功したら、第8章末にあるように**1文字ずつ削ってエラー**メッセージを観察してみましょう。意図的に**かな漢字**を入れてみたり、適当な場所に**空白**を入れるのも試してください。どんなエラーが出ましたか？
- **print(1+2)** をコピペして**何行か**並べましょう。**数値を変えて**別の加算にしてみましょう。出力タブにはどう出ましたか？

```
print(1+2)
print(3+4)
print(100+200)
print(1+2)
```

- 2行目を **print(3+4, end = "")** としてみましょう。3行目の出力が2行目の出力の後ろにくっつきましたよね。= の後の **"** は2個必要です。
- **print("1+2")** とダブルクォーテーションで囲うと、計算せずに 1+2 という**文字列がそのまま**出力されます。アルファベットも出せます。
- エラーが怖いけど、この文字列に "やっほ～" とかの「かな漢字」も入れてみましょう。" で閉じる前に ASCII モード（半角）に戻すのを忘れずに。
- 文字列の途中に **半角で ¥n** と入れましょう。¥ は**バックスラッシュ**に変わってますよね。出力はここで改行されます。同様に **¥t** はタブになります。

☆お節介な paiza は、左カッコを入力するとついでに右カッコも出してくれます。ダブルクォーテーションも1個の入力で2個出ます。

[1] 基本事項

- **第9章**は読みましたか？　**図 9.1〜9.8** のプログラムは実行しましたか？
- 各プログラムの数値を適当に変えたり、**自分なりのアレンジ**をしてみましょう。納得のいく出力になりましたか？
- **if** や **while** の**条件部分には次の不等式**が使えます。

  ```
  <      <=      >=      >      ==      !=
  ```

  「以下」や「以上」の場合、=< や => と書くとエラーになります。!= は等しくないときに条件が成り立つという逆の意味になります。
- **x += 1** は変数 x を 1 増加させますが、**x =+ 1** と書き**間違う**と変数 x に +1 を代入する意味になり、エラーにならないので気づきにくいですね。
- **while x < 5** とかの繰返しにおいてループ内で x を変化させるとき、上記の間違いがあると x はずっと 1 のままです。繰返しが止まらないので paiza が怪しんで**時間切れ** (timeout) を宣告します。こうした場合はループの中に **print(x) を追記**すると、x が変わっているか確認できますよ。

```
x = 0
while x < 5:
    x =+ 1
    print(x)
print("end")
```
　→　実は x += 1 が正しい！

- **if** や **while** のインデント部分が 1 行だけならコロン (:) の後に書けます。

  ```
  if x < 1000 :  x = 1000
  ```

  また、一般に複数行をセミコロン（; コロンと間違えないように）でつなげることもできます。 **x = 0; y = 1; z = 2** みたいな感じ。ただしエラーが見つけにくくなるので、初めのうちはお勧めしません。律儀に 1 行ずつね。

[2] 練習問題：第9章　　　　（↓すぐ答を見ず少し考えてね）

2-1)　変数 x, y に適当な数を設定し
　　　て、電卓みたいに加減乗除を計算さ
　　　せてみましょう。うまくできたら、
　　　べき乗とかもっと高級なヤツもね。
　　　変数も3つ以上にするとか。

```
x = 123 ; y = 45
print(x, "+", y, "=", x+y)
print(x, "-", y, "=", x-y)
print(x, "*", y, "=", x*y)
print(x, "/", y, "=", x/y)
```

2-2)　2人の得点を比べて、どっちが
　　　勝ったか判定してみましょう。

　　　（引分け判定は = 2個だよ）

```
x = 123 ; y = 45
if x > y: print("x win!")
if x < y: print("y win!")
if x == y: print("draw")
```

2-3)　10から順にカウントダウンし
　　　て、0になったら GO! と出してみ
　　　よう。

　　　10 -> 9 -> … -> 1 -> GO!
　　　てな感じに。

```
x = 10
while x > 0:
    print(x, " -> ", end="")
    x -= 1
print("GO!")
```

2-4)　入力タブに適当な整数を10行
　　　入れその中から100以上の数を探
　　　そう。

```
x = 0
while x < 10:
    x += 1 ; y = int(input())
    if y >= 100: print(y)
```

2-5)　入力タブに適当な整数を10行
　　　入れits中から最大の数を探そう。

　　　ヒント：仮の最大値を max = 0 と
　　　し、より大きい入力があれば代入
　　　し直す。

```
x = 0 ; max = 0
while x < 10:
    x += 1 ; y = int(input())
    if y > max: max = y
print(max)
```

[3] 発展問題：第 10 章

● **第 10 章**は読みましたか？　**図 10.1～10.7** のプログラムは実行しましたか？

● 各プログラムの数値を適当に変えたり、**自分なりのアレンジ**をしてみましょう。納得のいく出力になりましたか？

3-1)　リストに組み込み関数やメソッ
ドを使ってみましょう。最大・最
小・合計や追加・挿入。並べ替え
（ソート）には関数とメソッドが
あって、元のリストを直接変更す
るかどうかが異なります。うまく
使い分けましょう。

```
x = [12,3,45,6,78,9]; print(x)
print(max(x), min(x), sum(x))
x.append(10);   print(x)
x.insert(2,0); print(x)
y=sorted(x); print(x, y)
x.sort();      print(x, y)
```

3-2)　辞書をソートす
る場合は見出しと値
のどちらで並べるか
指定が必要。右例は

```
x = {"赤":4, "緑":5, "青":2, "白":1}
y = sorted(x.items(), key = lambda k:k[1])
for a, b in y:
    print("いろ", a, "かず", b)
```

値の場合、見出しなら 2 行目の最後を k[0] に。（詳細は sorted を検索してね。）うまくできたら、図 10.7 にならって入力タブから適当なペアを読み込み、これを辞書に登録してから値順にソートして出力しましょう。

[4] 卒業

● 以上がプログラミングできるようなら初級はまぁ卒業でしょう。（ただし、if の詳細はもう少し調べた方がいいですね。else とか elif とか。）

● paiza サイトを使わず手元の P C で Python を動かしたい場合は以下について準備して下さい。楽しいプログラミング生活はもうすぐですよ。

　　* Python のインストール：調べればすぐ分かります。Path 設定に注意。

　　* エディタ：プログラムを書く文具ツール。無料版がネットにあります。

　　* 端末エミュレータ：使い方を調べて下さい。ディレクトリ移動とか。

付録 B　コンピュータチップ「かわいいセプン」仮想仕様

データ幅：　8 bit　　　　　主メモリ：8 bit × 16 番地 (0000〜1111)
アドレス幅：4 bit　　　　　　＊1111 番地の内容は外部 LED に表示
汎用レジスタ：8 bit × 4 個　(#0〜#3)
プログラムレジスタ：4 bit、+1 カウント Up　(1111 → 0000 の際に一時停止)
8 bit 加算器：レジスタ間での加算、bit 毎の NAND 機能、左右シフト機能
フラグレジスタ：3 種（allZero, Plus, Minus）
命令レジスタ：8 bit、命令／アセンブラ仕様は以下

- ロード　　　　LD #x　address　　　　x＝0〜3
　　　01_##_****　　　　　　　## ：レジスタ番号 00〜11、****：番地
　　　レジスタへ主メモリの番地からデータをコピー

- ストア　　　　ST #x　address　　　　x＝0〜3
　　　10_##_****　　　　　　　## ：レジスタ番号 00〜11、****：番地
　　　レジスタから主メモリの番地へデータをコピー

- 演算　　　　　OP $$　#x,#y　　　　x, y＝0〜3
　　　11_$$_#a_#b　　　　　　$$ ：演算種、#a, #b：レジスタ番号 00〜11
　　　レジスタ #a と #b を演算し、結果を #a へ書込み
　　　演算種）01：加算、10：NAND、11：右シフト、00：左シフト

- ジャンプ　　　JP &&　address
　　　00_&&_****　　　　　　　&& ：条件、****：番地
　　　条件が成立すれば番地をプログラムレジスタへ書込み
　　　条件）00：allZero、01:Plus、10:Minus、11：無条件
　　　番地 0000 へのジャンプで一時停止、外部スイッチで再開

- 疑似命令（アセンブラへの依頼）
　　　var 変数名＝初期値,…　：変数名に番地を割り当て、初期値をセット
　　　address　　　　　　　：上記で割り当てた番地に変換
　　　　　　　　　　　　　　（数値の場合はその数値をセットした番地）
　　　print 変数名　　　　　：変数番地の内容を 1111 番地にストア
　　　ラベル：　　　　　　　：それを付した機械語の格納番地に変換

（以上）

索　引

著者紹介

松澤　和光　（まつざわ　かずみつ）

1977 年東工大院修了後、電電公社（現ＮＴＴ）研究所勤務を
経て、2002 年より神奈川大学工学部電気電子情報工学科教授、
博士（工学）。専門：AI（特に自然言語処理／ことば工学）、デ
ジタルテクノロジ、データサイエンス。2023 年より同大学情
報学部特任教授。自由奔放な芸風？の授業で知られ、学生から
は黙認教授と呼ばれる。

協力：　**⊝paiza**　paiza 株式会社（https://paiza.jp/）

惹き語り　教養デジタルテクノロジ

2025 年 1 月 20 日　　第 1 版　第 1 刷　印刷
2025 年 1 月 30 日　　第 1 版　第 1 刷　発行

著　　者　　松　澤　和　光
発 行 者　　発　田　和　子
発 行 所　　株式会社　学術図書出版社

〒113−0033　　東京都文京区本郷 5 丁目 4 の 6
TEL 03−3811−0889　振替　00110−4−28454
印刷　三美印刷（株）